Dr. David Althaus / Prof. Dr. Ulrich Hegerl / Holger Reiners

Depressiv?

Dr. David Althaus / Prof. Dr. Ulrich Hegerl / Holger Reiners

DEPRESSIV?

Zwei Fachleute und ein Betroffener
beantworten die
111
wichtigsten Fragen

Kösel

FSC
Mix
Produktgruppe aus vorbildlich
bewirtschafteten Wäldern und
anderen kontrollierten Herkünften

Zert.-Nr. SGS-COC-1940
www.fsc.org
© 1996 Forest Stewardship Council

Verlagsgruppe Random House FSC-DEU-0100
Das für dieses Buch verwendete FSC-zertifizierte Papier
München Super liefert Mochenwangen.

Umschlag: Kaselow Design, München
Umschlagmotiv: Steven Puetzer / Getty Images
Druck und Bindung: GGP Media GmbH, Pößneck
Printed in Germany
ISBN-10: 3-466-30723-6
ISBN-13: 978-3-466-30723-4

www.koesel.de

INHALT

DIE 111 FRAGEN AUF EINEN BLICK

VORWORT

Depressionen gehören zu den Krankheitsbildern, die erst in jüngerer Vergangenheit verstärkt ins Zentrum öffentlicher Wahrnehmung und Diskussion gerückt sind. Hat sich jahrzehntelang nur die Fachwelt mit depressiven Störungen befasst, so zeigt sich seit wenigen Jahren ein bedeutsamer Anstieg gesellschaftlichen Interesses an dieser Erkrankung. Völlig zu Recht, wie man betonen muss, denn lange Zeit wurden Depressionen und ihre verheerenden Folgen unterschätzt und nicht in angemessener Form gewürdigt.

Auch wenn Depressionen keineswegs ein Phänomen der Moderne sind, sondern in ihrer Schwere und mit all ihrer Zerstörungskraft bereits vor Tausenden Jahren beschrieben wurden, galten sie für viele bis vor kurzem doch nur als minder schwere seelische Verstimmung, der am besten mit Selbstdisziplin und Härte beizukommen wäre. Die allgemeine Bagatellisierung der Krankheit war einer der Gründe, warum die Betroffenen selbst viel zu häufig stumm geblieben sind und sich nicht trauten, fachliche Hilfe in Anspruch zu nehmen. Erst jüngst begann sich durch umfassendere Aufklärung der Medien das öffentliche Bild dieser schweren Erkrankung zu verändern. Wissenschaftliche Untersuchungen zeigen, dass die Beeinträchtigung des täglichen Lebens bei Depression dramatischer ist als bei fast allen anderen körperlichen oder psychischen Leiden. Kaum eine Krankheit ist so eng mit vorzeitigem Tod verbunden und verschlechtert den Heilungsverlauf anderer Erkrankungen so deutlich wie Depression.

Auf der anderen Seite steht heute eine Vielfalt erfolgreicher Behandlungsmethoden zur Verfügung. In den meisten Fällen kann depressiv Erkrankten damit gut geholfen werden; vorausgesetzt, sie suchen professionelle Hilfe auf. Leider gibt es noch immer große Ängste und Vorbehalte bei Betroffenen und Angehörigen hinsichtlich psychiatrischer oder psychotherapeutischer Behandlung. Vor allem die Furcht vor Psychopharmaka ist so ausgeprägt, dass ein erheblicher Teil der Erkrankten aus Angst vor den vermeintlichen Folgen einer Medikation keinerlei ärztliche Unterstützung sucht.

Wer selbst von Depression betroffen ist oder als Angehöriger weiß, wie quälend sich diese Krankheit äußert, der sucht immer wieder nach Antworten auf die vielen drängenden Fragen zu diesem Krankheitsbild. Unser Buch *Depressiv?* soll das Verständnis für die Krankheit Depression vertiefen. Es vermittelt einen Überblick über den aktuellen Wissensstand und die Therapiemöglichkeiten von Depressionen. Darüber hinaus beleuchtet es die uns wichtigen Fragen jenseits des reinen Behandlungsprozesses. Beispielhaft seien die Themen genannt: »Können Medikamente glücklich machen?« ... »Ist Depression das Gegenteil von Glück?« ... »Können wir einfach nichts mehr aushalten?« ... »Bleiben ›Narben‹ von der Depression zurück?« Die Antworten sind nicht immer eindeutig. Wenn ein Professor für Psychiatrie (Ulrich Hegerl = UH), ein Psychologe (David Althaus = DA) und ein Betroffener (Holger Reiners = HR) sich gemeinsam der komplexen Thematik widmen, dann bringt jeder seine fachliche und berufliche Erfahrung, seine spezifische Sichtweise und seine subjektive Einschätzung in ein solches Buch mit ein. Dadurch entsteht zwischen den Antworten der Autoren nicht selten eine gewisse Reibung. Ganz bewusst haben wir darauf verzichtet, die resultierenden Differenzen einzuebnen und so zu tun, als gäbe es sie nicht. Die Antworten sind manchmal vielstimmig und gleichen eher Skizzen als fertigen Gemälden. Unser Buch will nicht allein informieren oder gar belehren – so eindeutig die Antworten auf die einzelnen Fragen auch zu sein scheinen. Wir laden den Leser vielmehr ein, sich selbst ein Bild von der so einschneidenden Krankheit zu machen und uns »nach-zu-denken«. Die wirklich wichtigen, nämlich individuellen Antworten auf das eigene Krankheitsgeschehen muss jeder, der Depression erlebt, ohnehin für sich selbst finden. Den Betroffenen Hilfestellung zu geben, den Mut zu diesen eigenen Antworten aufzubringen, ist unser zentrales Anliegen.

David Althaus

KRANKHEITSBILD DEPRESSION

1
Wie fühlen sich Menschen mit der Diagnose Depression verstanden?

HR: Ob sie sich verstanden fühlen, hängt zuerst einmal davon ab, ob ihr Arzt oder Therapeut sie einfühlsam und überzeugend ernst nimmt. Darüber hinaus müssen sie Vertrauen in die Diagnose haben und das Gefühl verspüren, dass alles Notwendige unternommen wurde, diese Diagnose bestmöglich abzusichern. Patient und Therapeut müssen sich also im Wortsinne verstanden haben, ohne dass Fragen unbeantwortet blieben. Einer solchen eindeutigen Diagnose kann dann ein ebenso stringentes Behandlungskonzept folgen – ein unverzichtbares Gefühl der Sicherheit für den Patienten. Außerdem kann er sich jetzt über das diagnostizierte Krankheitsbild informieren, er kann aktiv am Genesungsprozess teilnehmen, er wird zum kompetenten und so gern zitierten mündigen Patienten und ist nicht länger hilfloses Opfer des so fremdartigen Krankheitsgeschehens. In diesem Sinne ist also die Einschätzung, verstanden worden zu sein, im so diffusen Geschehen am Anfang einer Depression eine ganz wichtige Lebensstütze: So erschütternd die Diagnose auch sein mag, sie schafft Klarheit und damit auch wieder Perspektiven für die Zukunft – der Krankheit kann das Dämonische genommen werden.

2
Welches sind die typischen Symptome?

UH: Zunächst möchte ich feststellen: Eine deprimierte Stimmung ist noch keine Depression. Niedergedrücktheit ist zwar ein wichtiges Symptom, reicht jedoch noch keineswegs aus, um von einer depressiven Erkrankung sprechen zu können. Eine Reihe weiterer Symptome muss vorliegen und dies nicht nur kurzfristig, sondern über mindestens zwei Wochen.

So leiden die meisten depressiv Erkrankten an einer tief sitzenden Freud- und Interesselosigkeit. Die Fähigkeit, Freude zu empfinden, ist wie abgeschaltet, Hobbys interessieren nicht mehr. Die depressive Stimmung ist zudem wie eingefroren, d.h. auch gute Nachrichten oder andere erfreuliche Ereignisse führen zu keiner Stimmungsaufhellung, auch nicht kurzfristig.

Die Betroffenen berichten oft, sich innerlich wie abgestorben zu fühlen, nichts mehr fühlen zu können, nicht einmal das Gefühl der Trauer. Für dieses Gefühl der inneren Versteinerung lautet der Fachausdruck »Gefühl der Gefühllosigkeit«. Wie Drogen die Hirnfunktion so verändern, dass die Erlebnis- und Genussfähigkeit extrem gesteigert ist, so wird umgekehrt durch eine schwere Depression die Fähigkeit zu genießen wie mit einem Schalter abgestellt.

Hinzu kommt eine Schwunglosigkeit und Ermüdbarkeit, die dazu führt, dass die Erkrankten kaum aus dem Bett kommen und vor kleinen und alltäglichen Aufgaben, die sie im gesunden Zustand mühelos bewältigt hätten, wie vor einem großen Berg stehen. Es ist als ob sich ein bleischwerer Mantel über den depressiv Erkrankten gelegt hat. Die Betroffenen sehnen sich danach, aus diesem Zustand in den Schlaf zu entfliehen. Doch auch dies gelingt nicht. Fast immer bestehen Schlafstörungen. Die Betroffenen wachen meist in den frühen Morgenstunden auf und liegen dann unter quälendem Grübeln im Bett.

Meist ist auch der Appetit gestört, selbst die Lieblingsspeise schmeckt nicht mehr und viele Erkrankte nehmen während der depressiven Erkrankungsphase mehrere Kilogramm Körpergewicht ab.

Weiterhin typisch für eine depressive Erkrankung ist die Neigung zu Schuld- und Insuffizienzgefühlen sowie Selbstvorwürfen, d.h. der depressiv Erkrankte gibt nicht der Umwelt, sondern sich selbst die Schuld an seinem Zustand. Er erlebt sich als Belastung für die Angehörigen, die Kollegen, das Gesundheitssystem oder die Gesellschaft. All das ist von einer tief sitzenden Hoffnungslosigkeit begleitet. So wird kaum ein depressiv Erkrankter berichten, dass es ihm zwar heute schlecht gehe, jedoch baldige Besserung in Sicht sei.

Auch sind Zukunftsängste häufig und oft ist die Angst ein quälender, allgegenwärtiger Begleiter. Manche Betroffene beschreiben ihren Zustand als schwelende Dauerpanik. Anderen depressiv Erkrankten fällt es schwer, die Umwelt lebhaft wahrzunehmen und sich auf ihre Aufgaben zu konzentrieren. Manche entwickeln sogar die Sorge, an einer Demenz zu leiden.

Alle diese Beschwerden gehen mit einem großen Leiden einher, so dass die Betroffenen oft nur noch den Wunsch haben, diesem schrecklichen Zustand zu entfliehen, am besten einzuschlafen und nicht mehr aufzuwachen, bis hin zu Gedanken, sich selbst etwas anzutun.

Bei sehr schweren Depressionen ist das Denken so stark verändert, dass die Betroffenen völlig übertriebene und für die Mitmenschen nicht mehr nachvollziehbare negative Überzeugungen entwickeln, von denen sie durch nichts abzubringen sind. Derartige Überzeugungen werden als Wahn bezeichnet. Wahnthema kann sein, schwerste und unkorrigierbare Schuld auf sich geladen zu haben (Schuldwahn), sich oder die Familie in den finanziellen Ruin getrieben zu haben (Verarmungswahn) oder an einer unaufhaltsamen tödlichen Erkrankung zu leiden (hypochondrischer Wahn).

Treten mehrere dieser Krankheitszeichen in Kombination und über einen längeren Zeitraum auf, so kann ein erfahrener Arzt oder Psychologe die Diagnose Depression mit großer Zuverlässigkeit stellen.

3
Was sind die häufigsten Erscheinungsformen?

DA: Bei Depression denkt man oft zunächst an zurückgezogene, niedergeschlagene Menschen, denen Antrieb und Motivation verloren gegangen sind. Tatsächlich treffen diese Attribute auf sehr viele depressiv erkrankte Menschen zu. Man spricht dann von einer »gehemmten Depression«, wenn die innere Lähmung, die psychomotorische Verlangsamung und die Abnahme des Aktivitätsniveaus im Vordergrund stehen. Für diesen Menschen wird alles schwer, er kann sich zu nichts mehr aufraffen. Sein Zeiterleben verändert sich und selbst die kleinsten Tätigkeiten bereiten ihm Mühe. Er spricht langsam, bewegt sich wenig, fühlt sich immer müde und kann nachts doch nicht schlafen. Er erlebt nicht Trauer, sondern eher Leere, keine Lebendigkeit.

Bei der »agitierten Depression« dominiert dagegen große innere Unruhe. Die Menschen erleben oft eine diffuse Angst, die sich aber doch nicht wirklich auf bestimmte Dinge eingrenzen lässt. Immer fühlen sie sich am falschen Ort, erleben die Dinge um sie ängstlich beklommen und erleben sich wie auf der Flucht vor diesem quälenden Zustand, der sie aber doch verfolgt wie ihr eigener Schatten. In ihrem äußeren Erscheinungsbild zeigt sich nichts von der vorher beschriebenen Verlangsamung oder der niederdrückenden Schwere. Dagegen wird vor allem die Unruhe spürbar, die Atemlosigkeit und die große Qual, die damit für die Betroffenen verbunden sind.

Bei einer »larvierten Depression« verbirgt sich die Depression hinter körperlichen Symptomen. Der betroffene Mensch fühlt sich nicht primär niedergeschlagen oder verzweifelt. Ihn quälen vielmehr verschiedene körperliche Veränderungen, die ihn beunruhigen. So können Kopfschmerzen, Rückenschmerzen, Schwindel, Magenbeschwerden und Appetitverlust auftreten. Auch der Schlaf ist beeinträchtigt, die Betroffenen leiden unter einer großen Erschöpfung. Wenn sie etwas in Angriff nehmen, fühlen sie sich rasch müde und gehen daher oftmals davon aus, unter einer körperlichen Erkrankung zu leiden. Zeigt sich dann in den ärztlichen Untersuchungen, dass keine organische Ursache für die Beschwerden zu finden ist und eine Depression vorliegt, so sind die Betroffenen oft überrascht und es bedarf der Feinfühligkeit und sorgfältigen Aufklärung durch einen guten Arzt, um beim Patienten die Bereitschaft zu fördern, sich für diese Diagnose zu öffnen.

Die bei Frage 2 beschriebene »wahnhafte Depression« ist glücklicherweise eher selten. Bei wahnhafter Depression ist meist eine stationäre Behandlung erforderlich, weil hier die Suizidgefahr besonders groß ist.

4
Wann spricht man von unipolarer Depression?

UH: Kommt es nur zu depressiven Krankheitsphasen, so spricht man von einer unipolaren Depression. Es gibt jedoch auch Menschen, die an einer so genannten bipolaren affektiven Erkrankung leiden. Hier kommt es nicht nur zu depressiven, sondern auch zu manischen Krankheitsphasen. Die Manie erscheint wie das Gegenteil einer Depression, d.h. die Betroffenen fühlen sich unbesiegbar, kraftstrotzend, werden auch nachts nicht müde, sondern entfalten zahllose Aktivitäten, oft verbunden mit großen Geldausgaben, sind in ihrem Redeschwall nicht zu bremsen, reagieren oft gereizt und genervt, wenn sie von ihren Mitmenschen auf ihr unangemessenes Verhalten hingewiesen werden, und haben typischerweise keine Krankheitseinsicht. Es kann innerhalb eines Jahres zu mehreren depressiven und manischen Episoden kommen und manchmal erfolgt der Umschwung von einer Phase in die andere innerhalb weniger, manchmal auch nur eines Tages.

5
Gibt es das eindeutige Gefühl »Ich habe eine Depression«?

HR: Leider nein. Die Depression ist eine äußerst fassettenreiche Krankheit mit sehr unscharfen Konturen und Schweregraden. Das macht ihre Diagnose auch so schwierig und erklärt, warum manche Patienten oft jahrelang leiden und von Arzt zu Arzt geschickt werden, ehe sie überhaupt erfahren, was in ihnen vorgeht – seelisch und körperlich. Ist aber irgendwann die Diagnose Depression eindeutig, dann kann man sich als Patient auch der Krankheit stellen und versuchen, therapeutisch Abhilfe zu schaffen. Krankheitseinsicht und Akzeptanz sind Voraussetzung für eine erfolgreiche Behandlung. Es soll aber nicht unerwähnt bleiben, dass sich Patienten manchmal auch trotz großen Leidensdrucks gegen die Diagnose Depression sträuben, weil sie ganz falsche Vorstellungen von der Krankheit haben: »Ich bin doch nicht verrückt, ich gehe nicht in die Psychiatrie!« Sie wollen sich nicht stigmatisiert und als Versager fühlen, weil eine seelische Erkrankung einfach nicht zu ihrem Selbstverständnis passt. Erst wenn die täglichen Einschränkungen ganz unübersehbar werden und auch körperliche Beschwerden nicht mehr zu leugnen sind, akzeptieren diese Patienten die gestellte Diagnose Depression – wenn auch meist nur widerwillig.

So eindeutig die Symptome einer Depression in der Rückschau des Patienten später auch beschrieben werden, in der ersten, meist vollkommen überraschenden Konfrontation mit dem depressiven Geschehen sind die eigenen Wahrnehmungen dagegen meist diffus, unerklärlich und zuerst einmal bedrohend. Erst wenn die empfundene und eingestandene Verstimmung in depressives Krankheitsgeschehen umgeschlagen ist und sich verfestigt, wird die Diagnose Depression auch als solche ernsthaft wahrgenommen, weil sie nicht mehr zu verdrängen ist. Im Rückblick lässt sich also eine Depression nicht leugnen, in der Selbsterfahrung anfangs schon – ist sie doch in ihrer Symptomatik so unendlich vieldeutig.

6
Wo endet Normalität, wann beginnt Depression?

DA: Die Grenze zwischen Depression (als Krankheit) und einer »normalen« Störung der Befindlichkeit zu definieren, ist schwer und kaum mit letzter Präzision möglich. Jeder hat einmal einen schlechten Tag, jeder erlebt vorübergehende Verstimmungen, ohne dass hier von Depression die Rede sein könnte. Unangenehme Gefühle gehören zum Leben dazu, ob wir wollen oder nicht. Wo aber beginnt Depression? Anders als bei einer körperlichen Erkrankung, beispielsweise einer Beinfraktur, sind psychische Störungen nicht einfach durch Apparate und Messungen objektivierbar. Eine Depression kann man nicht durch Röntgen oder Blutabnahmen feststellen – noch nicht jedenfalls. Selbstverständlich gibt es Diagnosekriterien, die erfüllt sein müssen, um von »Depression« sprechen zu können. Auf der anderen Seite wird dadurch eine Scheingenauigkeit erzeugt, die der Vielfalt der Wirklichkeit nicht immer entspricht.

Viele Leidenszustände werden heute allzu schnell mit dem Begriff Depression in Verbindung gebracht. Beispielsweise sind depressive Symptome als Reaktion auf schwere Schicksalsschläge normal, ohne dass man gleich von Depression sprechen sollte. Ein Beispiel: Frau Meier wendet sich wegen Schlafstörungen an ihren Hausarzt. Sie erzählt, ihr Partner habe sie kürzlich nach 15 Jahren Zusammenlebens verlassen. Sie berichtet zudem über große Niedergeschlagenheit, Antriebslosigkeit, Minderwertigkeitsgefühle und endlose Grübelschleifen um die Frage des »Warum«. Alles typisch für depressive Erkrankungen. Legt man nun Kriterienkataloge zugrunde, die Merkmale verschiedener psychischer Erkrankungen definieren, dann könnte man tatsächlich voreilig eine Depression diagnostizieren: Eine bestimmte Anzahl an Symptomen ist fast täglich und ununterbrochen vorhanden und dies über einen Zeitraum von mehr als 14 Tagen. Sprächen wir hier von Depression, so hieße das aber auch, dass es sich bei diesem Trennungsschmerz nicht mehr um eine »normale« Reaktion handelte, sondern um eine Krankheit. Damit tut man wahrscheinlich weder der trauernden Frau Meier noch den wirklich Depressiven einen Gefallen.

Schmerzhafte Erfahrungen, auch wenn sie sich über mehrere Wochen oder gar Monate erstrecken, gehören einfach zum Leben dazu. Frau Meier braucht möglicherweise einfach noch Zeit, um mit der veränderten Situation zurechtzukommen. Die Trennungslinie zwischen Trauer, Niedergeschlagenheit, Befindlichkeitsstörung und Depression kann im Einzelfall allerdings schwierig sein. Denn auch im Beispiel von Frau Meier könnte die Belastungssituation zum Auslöser für eine Depression werden. Wenn Frau Meier über viele Wochen nicht wieder auf die Beine kommt, nichts sie auch nur kurzzeitig von ihrem Verlust ablenken kann, innere Leere, Lähmung und Hoffnungslosigkeit mehr und mehr ihr Erleben prägen und sich schließlich auch

Suizidgedanken einstellen, dann spricht vieles für eine depressive Erkrankung. Die Grenzen sind hier allerdings fließend und nicht immer ist die Einordnung entscheidend. Denn so oder so: Frau Meier hat sich an ihren Arzt gewandt und hofft auf Unterstützung. Wie die genau aussehen kann, wird stark von ihr selbst abhängen, ihren eigenen Vorstellungen, Wünschen und Ängsten. Gespräche könnten helfen. Unter Umständen aber auch Medikamente, um z.B. die hartnäckigen Schlafstörungen zu lindern. Kann es nicht auch legitim und sinnvoll sein, bei schwerer Trauer ein wenig Stabilisierung durch die Hilfe eines Antidepressivums zu erhoffen, ohne dass zwangsläufig die Diagnose »Depression« gestellt wurde? Muss der Mensch alles gnadenlos direkt ohne jeden Schutz aushalten können? Wenn es um seelische Schmerzen geht, dann wird häufig rasch davon ausgegangen, dass dies die einzig richtige Umgangsweise sei. Seltsam, dass sich aber doch fast jeder bereitwillig beim Zahnarzt eine Spritze geben lässt, bevor gebohrt wird.

7
Ist Depression das Gegenteil von Glück?

HR: Nein, würde es doch bedeuten, die Depression sei ein schicksalhaftes Unglück, dem wir nicht begegnen können, dem wir hilflos ausgeliefert sind. Die Depression ist sicher für jeden, den sie trifft, ein biografischer Tiefschlag. Von einem Tiefschlag aber kann man sich nach dem erfahrenen Schmerz erholen, man kann die entstandene Blessur auskurieren. Unter Unglück verstehen wir doch etwas ganz anderes, nämlich das Unabwendbare, das sich vielleicht sogar nie mehr verwinden lässt. Das trifft auf die Depression nicht zu. Sie ist gut behandelbar, sie ist überwindbar und es gibt überhaupt keinen Grund, sie zu dämonisieren. So schicksalhaft sich das Krankheitsbild Depression zuerst einmal darstellt, so kalkulierbar und therapierbar erweist es sich mit zunehmendem Behandlungserfolg.

8
Warum weinen Depressive so wenig?

DA: Depression und Tränen schließen sich zwar nicht grundsätzlich aus, sind aber weit weniger miteinander verbunden, als Laien sich vorstellen. Im Gegenteil: Wenn ein Mensch zu mir in die Sprechstunde kommt, mir von seiner Situation erzählt, ihm dabei Tränen kommen und er weinen kann, dann ist dies für mich oft ein gutes Zeichen, dass der Betroffene noch berührbar und nicht gänzlich in Depression erstarrt ist. Depressive Menschen sind nicht im eigentlichen Sinne traurig. Viel öfter spüren sie in sich eine Leere; es ist mitunter der Mangel an Gefühl oder auch ein »Gefühl der Gefühllosigkeit«, das ihnen am meisten zu schaffen macht. Das Auf und Ab von Gefühlen gehört natürlicherweise zum Leben dazu und macht es überhaupt erst lebendig. In der Depression kann diese Dynamik völlig erstarrt sein: »Ich fühle mich wie lebendig begraben.« Tränen wären da vergleichsweise lebendig und erlösend.

HR: Weinen kann nur, wer zutiefst in seiner Gefühlswelt angerührt ist – es gibt ja auch die Freudentränen! Weinen bedarf des ganz spezifischen Grundes und ist meist Ausdruck tief empfundenen Schmerzes und der Trauer. In einer solchen biografischen Ausnahmesituation ist das Weinen aber auch eine befreiende Geste, die wir selbst und auch andere verstehen. Manchmal empfinden wir Weinen sogar als Erlösung, weil wir unserem Schmerz sichtbar Ausdruck verleihen können.

Wer an Depressionen leidet, hat keinen »Grund« zu weinen, denn er ist krankheitsbedingt seiner Gefühlswelt beraubt. Er empfindet zwar den Schmerz der Krankheit, aber keine Trauer – warum also weinen? Und wie gern würde er weinen können – endlich weinen und wissen, warum!

9

Wäre es sinnvoll, dem Krankheitsbild Depression einen schärfer konturierten Namen zu geben, so wie den Begriff Karzinom für unterschiedliche Krebserkrankungen?

UH: »Depression« heißt aus dem Lateinischen übersetzt »Niedergedrücktheit« und wird umgangssprachlich in vielerlei Zusammenhängen verwendet. Jeder hat heutzutage mal »seinen depressiven Tag«. Dies birgt die Gefahr der Banalisierung. Mit »Depression« wird dann nicht eine schwere, oft lebensbedrohliche Erkrankung, sondern mehr etwas Alltägliches, jedem Bekanntes verbunden. Wir beobachten an uns selbst das Auf und Ab unserer Stimmung, erleben Trauer nach dem Verlust naher Angehöriger oder Gereiztheit und Erschöpfung bei Überforderung und vermuten, dass es dem depressiv Erkrankten ähnlich ergeht. Dies wird der Schwere der Erkrankung nicht gerecht. Der depressiv Erkrankte, der oft nicht in der Lage ist, sich selbst richtig zu versorgen, trifft deshalb auf ungleich weniger Verständnis als ein Patient mit einer Armfraktur, obwohl er viel schwerer leidet. Im Prinzip könnte deswegen ein markanterer Name als Depression deutlich machen, dass es sich hier um eine eigenständige Erkrankung und nicht um eine Verstimmung, wie sie Teil des Auf und Abs unseres täglichen Lebens sein kann, handelt.

Für Erkrankungen mit depressiven und manischen Episoden hat sich die Bezeichnung »bipolare affektive Störung« eingebürgert, statt »manisch-depressive Erkrankung« oder gar »manisch-depressives Irresein«, wie die Diagnose vor 100 Jahren lautete. »Bipolare affektive Erkrankung« vermittelt den Eindruck einer wissenschaftlich fundierten, ernsthaften Erkrankung. Vielleicht wäre »unipolare affektive Erkrankung« statt »Depression« eine Option. Es ist aber zu befürchten, dass sich die Missverständnisse und Vorurteile auch an jeden neuen Namen heften, da man ja bei der Erklärung dessen Bedeutung wieder auf die depressive Stimmung, die Lustlosigkeit und andere Krankheitszeichen der Depression zurückgreifen müsste, die wir auch im gesunden Zustand aus unserem Innenleben kennen.

Hier ist es gut, sich zu erinnern, dass Anfang des 20. Jahrhunderts der seit 2400 Jahren eingebürgerte, mit einer verwirrenden Bedeutungsvielfalt beladene Begriff »Melancholie« im medizinischen Kontext durch »Depression« ersetzt wurde, wohl um irreführende Konnotationen abzustreifen und zu einer präziseren Bedeutung zu kommen. Heute hat jedoch »Depression« einen ähnlich unscharfen Bedeutungshof wie früher »Melancholie«, und im medizinischen Kontext ist genau umgekehrt »Melancholie« (Depression vom melancholischen Typ) der schärfere Begriff, mit dem die Kerngruppe der depressiv Erkrankten bezeichnet wird.

HR: Das wäre in jedem Fall sinnvoll und besonders wünschenswert, weil wir dann zwischen Krankheit und einem allgemeinen, meist umgangssprachlich beschriebenen Phänomen – Depression in der Wirtschaft, im Sport, in Kunst und Kultur, Depression als gesellschaftliche Stimmung etc. – endlich scharf trennen könnten. Der an Depressionen Leidende wüsste sich auf Anhieb ernst genommen und richtig, weil eindeutig beschrieben und damit auch besser verstanden. Er müsste sich und sein Seelenbefinden nicht ständig erklären oder gar rechtfertigen. Suchen wir also nach dem Synonym für »Depression – Krebs der Seele«. Es würde Patienten, Behandlern und Angehörigen gleichermaßen helfen und könnte ein ganz wichtiger Schritt zur Entdiskriminierung der Krankheit sein. Hier sind die Fachgesellschaften und Disziplinen aufgerufen, im Sinne der Patienten eine ganz neue begriffliche Form zu kreieren – die Aussichten, dass so etwas zustande kommt, sind allerdings gering, weil die Rivalitäten und Wahrheitsansprüche innerhalb der jeweiligen Therapeutenzunft zu groß sind. Hier mahne ich mehr Verantwortungsbewusstsein bei den Ärzten und Therapeuten an – persönliche und fachliche Eitelkeiten sollten nicht länger im Vordergrund stehen.

10
Kann man herausfinden, warum ein Mensch depressiv wird?

DA: Warum Menschen depressiv werden, beschäftigt Wissenschaftler, Theologen und Schriftgelehrte seit der Antike. Immer wieder wurden verschiedenste Theorien entwickelt und verworfen, die die Entstehung von Depressionen erklären sollen. Gerade in der Antike ist man sehr lange davon ausgegangen, dass die Depression primär körperliche Ursachen hat. So wurde beispielsweise das Mischungsverhältnis der Körpersäfte dafür verantwortlich gemacht. Der Begriff »Melancholie« heißt in seinem griechischen Ursprung »schwarze Galle« (melan = schwarz, cholé = Galle) und gibt Zeugnis von dieser Ursachenzuschreibung. Ein Übermaß an »schwarzer Galle« wurde als Ursprung depressiver Verstimmungen angesehen. Die damalige Ursachenzuschreibung bezog sich also primär auf körperliche Prozesse und ähnelt damit in gewisser Weise vielen modernen biologischen Betrachtungen, die neurophysiologische Faktoren für die Depression verantwortlich machen.

Die Ergründung der Ursachen von Depressionen erfuhr im Laufe der Geschichte immer wieder Neuerungen. Innerhalb der christlichen Kirche wurde Depression lange Zeit als Folge von Sünde gesehen. Gott wendet sich vom sündigen bösen Menschen ab und dieser stürzt in Sinnentleerung, Hoffnungslosigkeit und Todesnähe. Depression ist hier legitime Strafe und der Einzelne wird zusätzlich stigmatisiert. Depression wurde erst viel später im Kontext von Lebenserfahrungen, menschlichen Beziehungen, Überlastung, Stress, seelischen Vorgängen und der Lerngeschichte des Menschen betrachtet. Aber selbst innerhalb psychologischer und medizinischer Ursachenmodelle zeigen sich sehr unterschiedliche Ansätze, die kaum miteinander vereinbar scheinen; und noch immer kommen ständig neue Theorien hinzu, ohne dass bisher ein Modell wirklich seine Gültigkeit beweisen konnte. Besondere Beachtung finden zurzeit neurobiologische Erklärungsversuche. Hierbei wird versucht darzustellen, welche biologischen Prozesse im Gehirn bei einer Depression verändert sind, welche Stoffe und Hirnareale dabei eine Rolle spielen und inwiefern man z.B. medikamentös darauf Einfluss nehmen kann. Auch genetische Studien spielen eine Rolle. Bereits seit langer Zeit weiß man, dass es eine vererbbare Disposition gibt, an Depressionen zu erkranken. Allerdings ist man hier noch weit davon entfernt, die genauen Mechanismen zu verstehen.

Stellen wir die Frage nach den Ursachen einer Depression, so ist immer auch wichtig, vor welchem Hintergrund dies geschieht. Im Kontext wissenschaftlicher Forschung? Oder in der Auseinandersetzung mit einem einzelnen Patienten im Rahmen von Psychotherapie? Sehr häufig fragen Patienten: Warum bin ich krank, weshalb werde ich immer wieder depressiv? In meiner therapeutischen Erfahrung hat es sich als hilfreich erwiesen, dass der Patient lernt, sich ein eigenes individuelles Störungsmodell zu erschaffen, das ihn unterstützt, das Phänomen »Depression« erklärbarer und damit auch weniger bedrohlich zu machen. Oft finden sich frühe Verletzungen, schmerzhafte Lebenserfahrungen, unglückliche Beziehungen und unterschiedlichste aktuelle Auslöser. Letztlich lässt sich aber nie mit Sicherheit sagen, weshalb ein einzelner Mensch in einer bestimmten Situation vor dem Hintergrund seiner Lebensgeschichte depressiv reagiert. Bei der Ursachenforschung versucht man, Puzzlestücke zusammenzusetzen, aber letzte Wahrheiten bleiben einem verschlossen. Auch dies zu akzeptieren ist Teil der Therapie: zu lernen, aufzuhören mit der ewigen Frage nach dem »Warum«. Wichtiger als eine genaue Antwort darauf zu finden, ist die Suche nach dem Weg aus der Depression.

11
Ist die Depression eine körperliche oder seelische Erkrankung?

UH: Dies ist eine häufig gestellte Frage, die jedoch bereits von vornherein etwas irreführend ist. Sie legt nahe, dass eine Depression *entweder* körperlich *oder* seelisch bedingt ist. Treffender ist das Bild einer Medaille mit zwei sich ergänzenden, komplementären Seiten. Zum einen die psychosoziale Seite, zum anderen die körperliche oder genauer neurobiologische Seite. Immer können wir bei einem depressiv erkrankten Menschen auf beiden Seiten nach Ursachen suchen. Das können Faktoren sein, die die Empfindlichkeit oder Neigung zu erkranken (Vulnerabilität) erhöhen, die als Auslöser einer depressiven Episode fungieren oder die die aktuelle depressive Episode unterhalten. Auch wenn vieles noch nicht verstanden ist, möchte ich für beide Seiten Beispiele für Faktoren nennen, die als Ursache diskutiert werden:

Auf der psychosozialen Seite können frühe negative Lebenserfahrungen lang anhaltende Auswirkungen auf das Verhalten und auf die Reaktion auf Lebensereignisse in späteren Lebensabschnitten haben und so die Empfindlichkeit, depressiv zu erkranken, beeinflussen. Auch können depressive Krankheitsphasen durch negative Lebensereignisse, wie z.B. Verlusterlebnisse, Partnerkonflikte oder chronische Überlastungssituationen, ausgelöst werden. Dies ist allerdings keineswegs immer der Fall. Manchmal gehen auch erfreuliche Ereignisse der Depression voraus, wie ein Urlaubsantritt, eine berufliche Beförderung oder eine erfolgreich bestandene Prüfung. Vielleicht ist es die hier geforderte Anpassungsleistung an eine neue Lebenssituation, die bei vulnerablen Menschen eine Depression verursachen kann. Bei nicht wenigen depressiv Erkrankten ist auch kein psychosozialer Auslöser identifizierbar. Auf dieser psychosozialen Ebene kann man nicht nur nach Ursachen der Depression suchen, sondern mit Psychotherapie gezielt eingreifen.

Aus neurobiologischer Sicht, der zweiten Seite der Medaille, sind z.B. genetische Faktoren zu nennen, die die Vulnerabilität und damit das Erkrankungsrisiko beeinflussen. Weiter dürften Ungleichgewichte in den Botenstoffen, die die Kommunikation zwischen den Nervenzellen gewährleisten, für die Entstehung depressiver Erkrankungen bedeutsam sein. Es gibt sehr viele Botenstoffe im Gehirn. Zwei für die Depression wichtige sind das Serotonin und das Noradrenalin. Alle zurzeit verfügbaren Antidepressiva beeinflussen die Wirkung dieser beiden Botenstoffe, die ihrerseits wieder in vielfältiger Weise die Hirnfunktion modifizieren. Wie genau diese Botenstoffe die Depression beeinflussen, ist noch nicht verstanden. Die Vorstellung, dass lediglich ein Serotonin- oder Noradrenalinmangel bestünde, ähnlich wie beim Diabetes mellitus ein Insulinmangel, ist jedenfalls zu einfach gedacht. Auch lässt sich bei Depressionen kein Serotoninmangel im Blut oder sonstwo nachweisen und so die Diagnose stellen, wie manchmal gedacht wird.

Stresshormone haben ebenfalls die Funktion von Botenstoffen im Gehirn und können möglicherweise die Depressionsentstehung auslösen oder auch unterhalten. Bei Stress unterschiedlichster Art wird eine Fülle von Stresshormonen ausgeschüttet, dessen bekanntester Vertreter das Cortisol ist. Diese Stresshormone beeinflussen ihrerseits das Serotonin und Noradrenalin sowie verschiedenste Hirnfunktionen. Es gibt einen bunten Strauß weiterer möglicher neurobiologischer Faktoren, deren Bedeutung für die Entstehung depressiver Erkrankungen zurzeit untersucht und diskutiert wird. Jedenfalls können wir auch auf dieser neurobiologischen Seite mit Antidepressiva therapeutisch einwirken.

Dieses Bild einer Medaille mit zwei komplementären Seiten, der psychosozialen und der neurobiologischen, ist hilfreich, um »Entweder-oder-Denken« zu vermeiden, das dazu führt, dass einige Patienten glauben, die »eigentliche Behandlung« sei die Psychotherapie und die Medikamente würden nur an den Symptomen »herumdoktern«. Oder auch umgekehrt, die Depression sei »nichts als ein Ungleichgewicht der Botenstoffe« und damit die Pharmakotherapie der Königsweg, während die Psychotherapie ein wenig wirksames »Palavern« sei. Auch wenn es bei dem einen Patienten sinnvoll sein kann, den Behandlungsakzent mehr auf die Psychotherapie, bei einem Anderen mehr auf die Pharmakotherapie zu setzen, so handelt es sich hierbei doch um komplementäre Ansätze und Herangehensweisen.

12
Welche Rolle spielt die Vererbung?

UH: Seit 2003 ist offiziell das menschliche Genom entschlüsselt, d.h. die Sequenz der Gene auf den verschiedenen Chromosomen ist aufgeklärt. Das Medienecho war gewaltig und der Eindruck entstand, wir könnten nun im Buch des Lebens lesen. Manche Wissenschaftler reagierten mit peinlicher Verlegenheit wegen der eher symbolischen als tatsächlichen praktischen Bedeutung dieses Datums des wissenschaftlichen Fortschritts. Wenn wir die Aufgabe hätten, die uns aus dem Weltall in den Schoß gefallene Bibel zu entschlüsseln, so würde die Erforschung der Gensequenz lediglich einer Auflistung der Buchstabenreihe der Bibel bedeuten, bei gleichzeitiger Unkenntnis dessen, was uns das Buch eigentlich sagen will. Die eigentliche Arbeit steht noch bevor.

Bezüglich der Depression spielt wie überall auch die Genetik eine wichtige Rolle, auch wenn wir nicht wissen, wie. Eineiige Zwillinge, die eine identische genetische Ausstattung haben, sind zu etwa 40 Prozent beide erkrankt. Das ist ein hoher Wert, bedeutet aber auch umgekehrt, dass trotz gleicher genetischer Ausstattung 60 Prozent der Zwillingspartner nicht erkranken. Bei zweieiigen Zwillingen, die genetisch so unterschiedlich sind wie normale Geschwister, sind nur zu etwa 20 Prozent beide erkrankt. Ein einzelnes »Depressionsgen« gibt es nicht, sondern hier wirken mehrere, bisher nur teilweise identifizierte genetische Faktoren zusammen, die zudem in einem komplizierten Wechselspiel mit Umweltfaktoren stehen. Diese können fest vorgegeben, aber auch von uns gestaltet sein. Unsere Gene beeinflussen ja auch, was für eine Umwelt wir uns schaffen, ob wir eher risikobereit und abenteuerlustig sind und uns häufiger in Schwierigkeiten manövrieren, oder ob wir z.B. eher ängstlich sind und stabile Partnerschaften suchen.

13
Ist es denkbar, dass die Depression eine »richtige« Reaktion des Organismus ist?

HR: Diese Frage rührt an das Grundverständnis der Krankheit Depression und sollte mit größter Sensibilität, aber auch eindeutig beantwortet werden: Niemand kann für einen anderen Menschen eine Depression prognostizieren, niemand kann einen anderen präventiv vor der Depression bewahren, deshalb gibt es auch keine Vorsorgeuntersuchung! Aber: Es gibt Erklärungsmodelle, warum jemand depressiv sein könnte, und diese können wiederum Grundlage der Behandlung sein. Aber es gibt ganz offensichtlich auch die Depression wie den Stich der Mücke, die Malaria überträgt. Die Malaria kann das Leben eines Menschen ebenso verändern wie die Depression. Voreilige Deutungsversuche über das Entstehen der Depression im Einzelfall helfen nicht weiter. Sie sind vielmehr häufig von der laienhaften Vorstellung geprägt, der Depressive sei für seine Krankheit schuldhaft selbst verantwortlich – das aber ist grober Unsinn und ebenso wenig ergiebig wie das Herauslesen der Zukunft aus dem Kaffeesatz.

Ob die Krankheit in der Rückschau des Patienten irgendwann als »richtig«, besser: folgerichtig empfunden und bewertet wird, obliegt allein seiner ganz persönlichen Einschätzung. Auch andere Krankheitsverläufe stellen sich für die eigene Biografie – so schicksalhaft sie auch eingetreten sein mögen – irgendwann als überraschend sinnvoll und richtig dar, hätten sich aber niemals zukunftsfähig planen lassen. Die fordernde Formulierung »Depression als Chance begreifen« ist daher problematisch – es bedarf nicht der Krankheit, um das wahre, glückliche und »richtige« Leben zu führen.

DA: Mein vierjähriger Sohn fragt mich regelmäßig die wirklich wichtigen Fragen. Beispielsweise fragt er: »Warum hat Gott die Wespen gemacht?« oder auch »Warum werden Menschen krank?« und schließlich »Warum sterben Menschen?« Da fällt eine Antwort nicht leicht und wir Erwachsenen haben es uns in aller Regel abgewöhnt, über so schwierige Dinge nachzudenken. Genauso kann man fragen: »Warum werden Menschen depressiv? Hat es einen Sinn, dass ein Mensch depressiv wird?« Oder noch drastischer gefragt: »Kann es vielleicht sogar gut sein, dass ein Mensch depressiv wird?«

Manchmal betonen Patienten nach Überwindung der Erkrankung, dass sie trotz der Bitternis der Erfahrung und der Schwere des damit verbundenen Leids auch Veränderungen und Impulse durch die Depression erfahren hätten, die sonst wohl nicht möglich gewesen wären. Carl-Gustav Jung, Begründer der Analytischen Psychologie, sagte einmal: »Die Depression ist gleich einer Dame in Schwarz. Tritt sie auf, so weise sie nicht weg, sondern bitte sie als Gast zu Tisch und höre, was sie zu sagen hat.« Allerdings gibt es auch Patienten, die solch eine Aussage als boshafte Zumutung empfinden, als »Schönrednerei« und Lüge. Für sie war die Depression eine so grauenhafte, verzehrende und schmerzvolle Erfahrung, dass sie ihr auch im Nachhinein jeden Sinn oder gar Zweck absprechen. Warum gibt es dann Depression? Man kann versuchen, Antworten z.B. unter religiösen, philosophischen, erkenntnistheoretischen oder auch evolutionsbiologischen Gesichtspunkten zu beleuchten. So kann beispielsweise Depression im Rahmen der Menschheitsentwicklung als sinnvolle Reaktion auf erlebte existenzielle Bedrohung gesehen werden, als energetischer Sparzustand, in dem viele vitale Prozesse (z.B. Denken, Bewegung) gehemmt werden und der Mensch ruhig gestellt wird. Eine Art kräfteschonende Auszeit, die Rückzug und Schutz im sozialen Gefüge ermöglicht. Wer sich mit dieser Thematik intensiver befassen will, der sei auf den Schweizer Psychiater und Psychotherapeuten Daniel Hell verwiesen. Er beschäftigt sich in einem ganzen Buch mit der Frage: »Macht Depression Sinn?« und versucht, aus den verschiedensten Blickwinkeln Antworten auf die Frage zu formulieren.

14
Ist es hilfreich für die Patienten, über die Ursachen der eigenen Krankheit Bescheid zu wissen?

HR: Diese Frage bedarf in der Antwort eines bewusst gewählten spöttelnden Vorspanns, weil sie das Theoriemodell Depression und ihre Einschätzung der ganz unterschiedlichen »Behandlungsschulen« betrifft: So eindeutig wie der Lungenkrebs (vermutlich) mit dem exzessiven Raucherdasein korreliert, so unbestimmt oder vorschnell ist meist die Herkunftsdeutung der Depression, und jede »Schule« hat ihre eigenen fast fundamentalistischen Erklärungsmodelle. Alle einseitigen »Schulen« verkennen die ungeheure Komplexität der Depression, versprechen aber lineare Deutungsmuster. Welche Anmaßung! Und dennoch oder vielleicht gerade deshalb haben sie einen so großen Zulauf. Ich kann davor nur warnen.

Seriöse Behandlungsverfahren wissen um die Vielschichtigkeit der Depression und ihre Vertreter vermitteln sie dem Patienten. Nur dann ist es für den Kranken hilfreich, sich Gedanken über die Ursachen der eigenen Depression zu machen, nur dann kann er selbst Erklärungspfade aufspüren, die auch der Behandlung dienlich sind. »Heilerweisheiten« helfen dem Kranken nicht weiter (höchstens dem »Heiler« in seinem finanziellen Fortkommen). Aber folgen wir nicht allzu gern und zu leicht dem ersten plausiblen Erklärungsversuch, um uns ein wenig aus der eigenen Verantwortung zu entlassen, als Patient, als Angehöriger?

Für den Kranken kommt irgendwann die Stunde der Wahrheit: Er beginnt zu verstehen, dass das eigene depressive Geschehen mit seinem Selbst und seinem Selbstverständnis zu tun hat. Er spürt auch, dass »Ursachenforschung« hilfreich ist, dass er in besonderer Weise gefordert ist, sich der Krankheit zu stellen, medikamentös experimentieren zu müssen, die Therapie nicht wie eine Massage als angenehm empfinden zu dürfen, sondern an der Bewältigung der Depression hart mitarbeiten zu müssen. Die Überwindung der Depression ist emotionale und intellektuelle Knochenarbeit, und die ist man nur bereit zu leisten, wenn man weiß, warum. Die Kenntnis der vermutlichen Ursachen ist für eine solche Kraftanstrengung unverzichtbar, so schmerzhaft sie auch ausfallen mag. Schließlich wird das einst so bewährte Selbstverständnis durch die Krankheit massiv erschüttert. Und die Folgen der Depression sind weder kalkulier- noch absehbar. Der Kranke weiß, dass es sich um ein Beben der eigenen Biografie handelt – und er weiß nicht, ob er es überstehen wird. In dieser Erkenntnissituation ist Angst ein verständliches Reaktionsmuster. Und Angst können wir kognitiv überwinden.

15
Wie erkenne ich Depression – bei mir und bei anderen?

DA: Herauszufinden, ob man selbst depressiv ist, kann schwierig sein. Unser Selbstbild weicht oft so stark von dem ab, wie andere uns wahrnehmen, dass unser Urteil über uns immer nur einen sehr speziellen Blickwinkel wiedergeben kann. Jeder, der sich zum ersten Mal auf einer Videokamera sieht, ist erstaunt darüber zu sehen, wie er sich bewegt, welche Gestik, Mimik er macht, und stellt fest, wie sehr das vom eigenen inneren Erleben abweicht. Ganz zu schweigen vom Hören der eigenen Stimme, die auf Tonband buchstäblich nicht wiederzuerkennen ist. Bei Fieber können wir einfach eine erhöhte Temperatur messen, ohne dass die eigene Bewertung großen Interpretationsspielraum zuließe – 39° Fieber sind eben eine klar erhöhte Temperatur. Bei der Depression fehlt uns dieses Thermometer und Fragebögen können dies nicht ohne weiteres ersetzen.

Häufig kann man die Beobachtung machen, dass depressive Menschen selbst sehr spät zur Einsicht gelangen, dass sie unter einer psychischen Erkrankung leiden. Bei der Depression ist – anders als bei körperlichen Erkrankungen – kein einzelnes Organ betroffen, von dem wir unser »Ich« unterscheiden können. Wenn wir Zahnweh haben, sagen wir: Ich habe Zahnweh, aber keiner käme auf die Idee zu sagen, ich bin das Zahnweh. Der Zahnschmerz wird intensiv gespürt, offensichtlich stimmt da irgendwas nicht mit dem Zahn und im schlimmsten Fall muss er eben raus. Aber wir sind nicht unser Zahn! Selbst wenn es schade ist, einen Zahn zu verlieren, so sind wir doch bei weitem nicht so sehr damit identifiziert, dass wir den Eindruck hätten, damit einen wesentlichen Teil von uns zu verlieren.

Depression wird anders erlebt. Neben den vielen oben beschriebenen körperlichen Symptomen ändert sich vor allem die Wahrnehmung der Wirklichkeit und der eigenen Person. Negative Gefühle, Selbstvorwürfe, die Überzeugung, selbst unfähig zu sein, pessimistische Zukunftsperspektiven, Versagensängste usw. sind typisch. Folgerichtig neigt ein Depressiver sehr oft dazu zu sagen: »Ich bin schuld. Ich bin ein Versager. Ich bin es nicht wert.« Die Depression beeinflusst die Bewertungsprozesse so sehr, dass eine »objektive« Selbsteinschätzung kaum mehr möglich ist. Natürlich kann man im Zweifelsfall sagen, ein Mensch solle sich unbedingt an einen Arzt wenden, wenn er länger als zwei Wochen permanent lustlos, antriebsarm und niedergeschlagen ist. Die präzise Einschätzung und genauere Beurteilung sind allerdings fast immer nur im Gespräch mit einem Fachmann möglich.

Etwas anders ist die Situation für Freunde, Kollegen oder Angehörige. Häufig erkennen sie früher als der Betroffene selbst, dass etwas nicht stimmt. Der andere wirkt irgendwie verändert, zieht sich zurück, meidet Blickkontakt, wirkt aufgeregt oder ängstlich. Doch auch hier gilt, dass ein präzises Urteil in aller Regel nicht möglich ist. Derartige Zustände könnten vielfältigste Ursachen haben. Manchmal sind sie temporäre Reaktionen auf starke äußere Belastungen, mitunter können sie auch Symptome körperlicher Funktionsstörungen sein. So kann eine Über- oder Unterfunktion der Schilddrüse Symptome verursachen, die dem klinischen Bild einer Depression sehr nahe kommen. Daher gilt es im Zweifelsfall immer, einen Spezialisten aufzusuchen, der versucht, sich vor dem Hintergrund eines intensiven Gesprächs, körperlicher Untersuchungen und seiner langen beruflichen Erfahrung ein Bild zu machen. Leider ist die Scheu, sich aufgrund psychischer Veränderungen an einen Fachmann zu wenden, oft sehr groß. Niemand würde zögern, einen Kardiologen aufzusuchen, wenn er beständig über Herzbeschwerden klagen würde. Psychische Störungen sind dagegen noch immer stark tabuisiert, und der Gang zum Psychiater oder Psychotherapeuten wird vermieden aus Furcht, in der Schublade »verrückt« zu landen. Doch wenn die Schwelle zum Besuch des Psychiaters oder Psychotherapeuten noch zu groß ist, dann kann auch das offene Gespräch mit dem Hausarzt bereits eine große Hilfe sein, um die Frage zu klären, ob eine depressive Erkrankung vorliegt oder nicht.

16
Was ist eine Winterdepression?

UH: Umgangssprachlich wird damit oft eine gewisse Melancholie oder gedrückte Stimmung mit Rückzug ins Häusliche während der Herbst- und Wintermonate gemeint. Im medizinischen Sinne ist die Winterdepression oder auch saisonal abhängige Depression eine Unterform der depressiven Erkrankung. Diese ist dadurch gekennzeichnet, dass sie regelmäßig in den Herbst- und Wintermonaten auftritt. Sie ist nicht mit Schlaflosigkeit, sondern mit vermehrter Schlafneigung verbunden und geht nicht mit Appetitlosigkeit und Gewichtsverlust einher, sondern mit Heißhunger, oft auf Süßes, und einer möglichen Gewichtszunahme. Diese spezielle, eher seltene Form der Depression spricht gut auf Lichttherapie an.

17
Mit welcher Symptomatik sollte ich selbst einen Arzt oder Psychotherapeuten aufsuchen?

UH: Wenn mehrere der oben genannten Krankheitszeichen der Depression über ein bis zwei Wochen bestehen, der Zustand als sehr leidvoll, kaum erträglich und hoffnungslos erlebt wird oder gar Gedanken an Selbsttötung sich einstellen oder aufdrängen, so ist dringend professionelle Hilfe angezeigt, wie bei jeder anderen schweren Erkrankung. Der Entschluss, sich professionelle Hilfe zu holen, fällt jedoch gerade depressiv Erkrankten schwer, da die Depression mit Hoffnungslosigkeit und fehlendem Antrieb einhergeht, so dass die Suche nach einem Arzt oder Psychotherapeuten für den Betroffenen ein schwer überwindbares Hindernis darstellt.

KRANKHEITSVERSTÄNDNIS

18
Ist Depression zurzeit in Mode?

HR: Vordergründig mag der Eindruck entstanden sein, dass die Depression tatsächlich eine Art »Modekrankheit« ist oder besser war, galt es doch bis zum Ende der Neunzigerjahre in den arrivierten Kreisen der westlichen Welt geradezu als schick, wenn nicht gar als unverzichtbar, sich mindestens einmal pro Woche irgendeiner Therapie zu unterziehen. Diese sollte helfen, nicht nur das ganz persönliche Lebensglück ausfindig zu machen, sondern auch hinter diejenigen Wirkmechanismen zu kommen, die unsere Stimmungen beeinflussen, um sie dann irgendwann selbst zur persönlichen Glücksmaximierung manipulieren zu können. Diese Mode hat sich verflüchtigt, weil nicht länger eine pseudo-melancholische Sinnsuche im Mittelpunkt des Interesses steht, sondern genau das Gegenteil: die ganzheitliche Fitness, zu der vor allem körperliche Attraktivitätsmerkmale in allen Altersstufen gehören. Zur Vervollkommnung bedarf es auch der »Therapie«, nur heißt diese Behandlung in der Gruppe heute »Coaching«. Dies sind in der langen Leidenserfahrung der seelischen Erkrankungen nur zwei der vielen »Modetrends«, die die Depression in ihrer über zweitausend Jahre langen Beobachtungs-, Bewertungs- und Behandlungsgeschichte erfahren hat, mal mehr, mal weniger qualifiziert. Umso stärker lässt der Begriff »Modekrankheit« aufhorchen, bedeutet doch à la mode nichts anderes als: gerade aktuell, schick und in aller Munde. In diesem Verständnis von Mode als gegenwärtigem Trend ist die Depression tatsächlich eine Krankheit à la mode, weil einerseits die Betroffenen nicht länger bereit sind, ihr seelisches Leid zu verstecken, und andererseits die vielen ernsthaften Publikationen und Informationskampagnen über das Phänomen Depression dazu geführt haben, dass wir heute diagnostisch sehr eindeutig und offensiv zwischen der Krankheit Depression und jeder Art von temporär schlechter Stimmung, Laune oder vorübergehend eingeschränkter Befindlichkeit unterscheiden. Vor allem aber wird über all das gesprochen und in den Medien berichtet. Es wird nichts mehr verharmlost, sondern es ist inzwischen anerkanntes Breitenwissen, dass die Depression nicht nur eine eindeutige Krankheit ist, sondern eine, die auf keinen Fall verharmlost werden darf. Der Begriff Modekrankheit trifft also nur insofern auf die Depression zu, als sie aktuell zwar allerorten im Gespräch, aber weder eine kurzlebige Mode- noch eine Trenderscheinung ist, sondern vielmehr eine bedrohliche Volkskrankheit mit ganz offensichtlich zunehmender Verbreitung. Will der Begriff Modekrankheit gezielt etwas verharmlosen, wo nichts mehr zu beschönigen ist? Wer noch immer den Begriff Modekrankheit im Zusammenhang mit Depressionen verwendet, entlarvt sich durch Unwissenheit oder pflegt bewusst das Vorurteil, dass Depressionen so schlimm nun wirklich nicht seien.

DA: Spricht man von Modekrankheiten, so unterstellt man oft, dass es sich in Wahrheit gar nicht um wirkliche behandlungsbedürftige Störungen handle, sondern eine Lancierung bestimmter Begriffe nur aus Eigeninteresse stattfindet. Unter anderem findet der Begriff Anwendung beim »Burnout-Syndrom«, bei »erhöhtem Cholesterinspiegel« oder eben bei »Depression«. Sucht man mit Hilfe von »Google« auf deutschsprachigen Seiten im Internet nach den Begriffen »Modekrankheit« und »Depression«, so werden insgesamt 214 Treffer angezeigt. Da ist dann beispielsweise die Rede vom »gezielten Ausbau der Depression zur Modekrankheit zur Steigerung des Profits der Pharmaindustrie«. Hier werden also vor allem wirtschaftliche Interessen betont und gemutmaßt, bei der in den letzten Jahren verstärkten öffentlichen Diskussion handele es sich um bewusste Panikmache. Ist Depression tatsächlich vor allem eine geschickte Geschäftsidee? Oder – wie auf den Internetseiten des Hamburger Apothekerhauses spekuliert wird – eine Erkrankung, die in manchen Kreisen geradezu »schick« ist?

Ein befreundeter in Schweden praktizierender Neurologe erzählte mir kürzlich, dass die Verschreibung von modernen Antidepressiva in Schweden in den vergangenen Jahren so drastisch zugenommen hätte, dass er oft den Eindruck gewänne, dass hier die Menschen zunehmend den ganz normalen Widrigkeiten und Schwierigkeiten des Lebens mit einer Tablette begegnen möchten. Ist das tägliche Antidepressivum schon Teil des Lifestyles geworden? Ich denke, man macht es sich zu leicht, wenn man hier eine schnelle Antwort gibt und diejenigen, die vor allem Geschäftsinteressen wittern, pauschal als paranoid zurechtweist. Natürlich gibt es – wie bei allen anderen Dingen auch – im Rahmen von Medizin und Gesundheit wirtschaftliche Interessen. Auf der anderen Seite verfolgen aber auch diejenigen, die heute lauthals aufschreien und vor einer Medikalisierung der Gesellschaft warnen, ihre eigenen Partikular-Interessen. Das ist nun einmal Teil gesellschaftlichen Zusammenlebens: Es ist auch ein Wettstreit der Ideen und Überzeugungen, der nicht zuletzt mit Hilfe wissenschaftlicher Studien geführt wird.

Mit Sicherheit ist es sinnvoll, sich immer wieder zu fragen, welche Aussage, welche Publikation und welche Initiative welchen Interessen dienen. Was nutzt den Erkrankten wirklich? Betrachtet man die nackten Tatsachen, dann sieht die Situation in Deutschland derzeit so aus, dass noch immer ein Großteil der Erkrankten ohne jede professionelle Unterstützung bleibt. Das

Stigma der Erkrankung, die Scham vor dem offenen Gespräch und die Hoffnungslosigkeit bewirken, dass die Einzelnen allein bleiben und versuchen, das Leid irgendwie auszuhalten. Oft vergeht die Depression dann irgendwann wieder von selbst. Die Schäden, die sie bis dahin angerichtet hat, sind aber häufig immens und im schlimmsten Fall liegt ein Leben in Schutt und Asche, wenn der Mensch wieder aus der Depression auftaucht – wenn er auftaucht. 11000 Menschen sterben in Deutschland jährlich durch Suizid – in den meisten Fällen gehört Depression zu den Hauptursachen. Vor dem Hintergrund dieser Tatsachen von der Modekrankheit »Depression« zu sprechen, wirkt zynisch. Und dennoch besteht natürlich die Gefahr, allzu leichtfertig die Tür zum Begriff »Depression« weit aufzustoßen und zukünftig jede Missbefindlichkeit, Verdrossenheit oder auch nur Langeweile darunter zu subsumieren. Dann wären wir wirklich in der Gefahr, dass Depression zur Mode würde und damit auch zur Ausrede für eigenes Unvermögen und Scheitern. Das Leben ist sehr oft unbequem, immer wieder schmerzlich und nur augenblicksweise glücklich. Freud machte in seinem 1930 erschienenen Essay *Das Unbehagen in der Kultur* folgende tiefsinnige Anmerkung: »Die Absicht, dass der Mensch glücklich sei, ist im Plan der Schöpfung nicht enthalten.« An dieser Tatsache werden auch Antidepressiva nichts verändern, und wir sollten uns davor hüten, jeder Missempfindung allzu schnell das Label »Depression« anzuheften.

19
Können wir einfach nichts mehr aushalten?

HR: Die Frage provoziert, weist aber in die falsche Richtung. Gilt es doch zwischen Stimmung oder Befindlichkeitsstörung auf der einen und dem Krankheitsgeschehen Depression auf der anderen Seite zu unterscheiden. Das Anspruchsdenken in der westlichen Welt ist hoch, der erreichte Lebensstandard lässt sich häufig so gerade eben noch halten, aber die über Jahrzehnte vertraute, ja fast selbstverständliche Steigerung der materiellen Möglichkeiten ist zum Stillstand gekommen. Die Folge ist Enttäuschung, sie bedeutet zum ersten Mal Verzicht, und die wirtschaftlichen Zukunftsaussichten sind auch nicht gerade positiv zu nennen. Dazu kommt der fast ungläubige Blick auf die Konkurrenz der ehemaligen Schwellenländer, die uns mit einer wirtschaftlichen Aufholjagd scheinbar ohne jede physische Limitierung konfrontieren – hohe Wachstumsraten, lange Wochenarbeitszeiten, konkurrenzlos niedrige Löhne, kaum Umweltschutzauflagen. Wo bleibt da unsere eigene Zukunft? Haben wir überhaupt noch materielles Entwicklungspotenzial? Notwendige, aber auch düstere Fragestellungen, die so manchen verzagen lassen – andere aber auch zu neuen Höchstleistungen animieren.

Es gilt auf vielen Lebensfeldern Abschied zu nehmen von lieb gewonnenen Gewohnheiten und Annehmlichkeiten. Das fällt nicht jedem leicht, ist aber eigentlich bei einem kritischen Blick auf die Wirtschafts- und Bedeutungsgeschichte anderer Nationen kein unüberwindbarer Sonderfall, sondern eher die Regel eines volkswirtschaftlichen Auf und Ab über Jahrhunderte. Diesem Sachverhalt nachzugehen, bedarf einer gehörigen Portion Selbstkritik – als Individuum ebenso wie als Nation –, ihn zu akzeptieren einer gewissen Demut. Es ist also eine Plateausituation, von der aus der Weg sowohl nach oben, aber auch nach unten führen kann. Die derzeitigen wirtschaftlichen und gesellschaftlichen Rahmenbedingungen sind gleichsam das Synonym für viele biografisch notwendige Weichenstellungen, die bedrückend sein können, oft sogar sehr viel bedrückender als die uns derzeit drohenden globalen Veränderungen.

Die Entscheidung in solchen biografischen Prüfungen liegt bei uns selbst und sie muss getroffen werden. Auch sollten wir uns daran gewöhnen, dass eine solche Entscheidung in jedem Einzelfall anders ausfällt, ist doch der kollektive Weg »nach oben« ganz offensichtlich versperrt. Was bleibt, ist die individuelle Nische. Die Entscheidungspole heißen Resignation, Akzeptanz des Unausweichlichen oder Aufbruch zu ganz neuen Leistungshöhen – eine Frage des Lebenselans, der nun einmal sehr unterschiedlich ausgeprägt ist und keineswegs eine objektive Größe darstellt.

Aushaltenkönnen setzt ein Wollen voraus, wie es die Ausnahmeerscheinungen im Leistungssport immer wieder eindrucksvoll belegen. Alles eine Frage der Motivation also? Für den Gesunden sicher, aber was ist mit denjenigen, bei denen Akzeptanz in Resignation und schließlich in die Verweigerung und in die Lebensverneinung umschlägt, also in die Depression? Ihnen geht es wie dem erfolgreichen Marathonläufer, der ausgerutscht ist und sich das Bein gebrochen hat – die Absage des nächsten Wettkampfes ist unvermeidlich. Kurz: Es geht um ein objektivierbares, subjektives Aushaltenkönnen (Zumutbarkeit) und ein ebenso objektivierbares, krankheitsbedingtes Nicht-Aushaltenkönnen in der Depression. Wer sich diese Antwort selbst nicht mehr geben kann, hat vermutlich das Stadium einer melancholischen Resignation verlassen und befindet sich auf dem gefährlichen Pfad in die Depression. Dieses ist genau der Wendepunkt, an dem eine Diagnose Klarheit und eine zeitnahe Behandlung Linderung verschaffen kann. Wer will schon wirklich krank sein? Es gibt die Flucht in die Resignation, aber nicht die gezielte Flucht in die Depression, weder kollektiv noch individuell!

20
Sind Depressionen heute tatsächlich häufiger als früher?

DA: Ob und in welchem Maß Depressionen häufiger als früher auftreten, wissen wir nicht wirklich. Richtig ist, dass in den Medien immer wieder das Bild vom dramatischen Anstieg depressiver Erkrankungen in allen Altersgruppen vermittelt wird. Immer mehr Jugendliche seien depressiv, ein großer Teil der Bewohner von Altenheimen und viele andere mehr. Tatsächlich ist der wissenschaftliche Befund, dass Depressionen zunehmen, nicht so eindeutig, wie man meinen möchte. Man muss ganz klar betonen, dass es depressive Erkrankungen zu allen Zeiten und in allen Gesellschaften gab. Keineswegs ist die Depression eine Erfindung der Neuzeit oder gar der Konsumgesellschaft. Tatsächlich ist allerdings unverkennbar, dass das Phänomen »Depression« heutzutage viel stärker ins öffentliche Bewusstsein dringt als noch vor einiger Zeit.

Wissenschaftliche Aussagen über die zunehmende Verbreitung dieser Erkrankung sind deshalb schwer, weil es vielfach keine wirklich miteinander zu vergleichenden Messungen bezüglich der Häufigkeit gibt. Auch die in den letzten Jahren oft zitierten Zunahmen der Krankheitstage und Arbeitsausfälle aufgrund depressiver Störungen oder die Verschreibungen antidepressiver Medikamente sind nur bedingt geeignet, die steigende Verbreitung der Erkrankung zu beweisen. Tatsächlich hat die Zahl der Menschen, die aufgrund von Depression krankgeschrieben werden, in den vergangenen Jahren drastisch zugenommen. Auf der anderen Seite kann dieser Sachverhalt auch nur eine Veränderung in den Diagnosegewohnheiten der Hausärzte widerspiegeln. Möglicherweise wurden entsprechende Fälle noch vor kurzer Zeit dem »Patienten zuliebe« nicht als Depression dokumentiert. Viele depressive Erkrankungen wurden möglicherweise auch als solche gar nicht erkannt, sondern mit anderen

Erkrankungen verwechselt. Wissenschaftlich gesehen ist es sehr schwer, die vielen unterschiedlichen Einflussfaktoren und Erklärungsmöglichkeiten so genau zu kontrollieren, dass eine eindeutige Aussage möglich wäre, wie groß die tatsächliche Zunahme depressiver Erkrankungen ist.

All diesen Vorbehalten zum Trotz ist auch die Mehrheit der Experten der Ansicht, dass es derzeit tatsächlich eine moderate Zunahme depressiver Erkrankungen gibt. So rechnet beispielsweise die Weltgesundheitsorganisation (WHO) damit, dass Häufigkeit und Bedeutung depressiver Erkrankungen bis zum Jahr 2030 deutlich wachsen.

21
Woran liegt es, dass Depressionen zunehmen?

HR: Wenn ein ehemals über viele Jahre an Depressionen Erkrankter diese Frage betrachtet, dann fällt die Antwort naturgemäß anders aus als die eines Wissenschaftlers, dem alle Daten und Studien zu diesem Thema vorliegen.

Gesichert ist, dass die Anzahl der Diagnosen in Bezug auf das Krankheitsgeschehen Depression zunimmt, auch wenn über die Ursachen dieser Entwicklung noch heftig diskutiert wird. Aus der Sicht des einst Betroffenen bieten sich hierfür einige Hypothesen an, die sich aus der besonderen Anfälligkeit für ein Wiederauftreten der Krankheit ableiten lassen. So kann eine ausgeprägte Feinfühligkeit für den Gesunden ein besonderes Begabungspotenzial mit hoher Wertschätzung darstellen – Künstler, Musiker, Forscher, Journalisten und Gelehrte verfügen häufig über eine solche unverzichtbare Sensibilität, anderen Berufsgruppen dagegen würde sie eher hinderlich sein. Menschen aber, die eine besondere Disposition für die Krankheit Depression aufweisen, verfügen häufig über eine äußerst fassettenreiche Sensibilität, die ihnen das Leben immer dann zur Hölle macht, wenn die Depression wieder Oberhand über ihr Leben gewinnt. Jetzt senden ihre Antennen zu viele Impulse aus allen Lebens- und Interessensbereichen, und was gerade eben noch das große persönliche Kapital für das eigene seismografische Tun darstellte, wird plötzlich zur bedrückenden Informations- und Eindrucksfülle ohne jeden konstruktiven Impuls. Die Wahrnehmung lässt sich nicht mehr steuern, Eindrücke und Einschätzungen nicht mehr relativieren, aus der kompetenten Lust am differenzierten Tun wird in der Depression die omnipräsente Last des Daseins. Die eigene Lebensbilanz fällt plötzlich verheerend aus, Perspektiven sind nicht in Sicht, alle Erfolge können nur Illusion gewesen sein. Lebensangst, Todessehnsucht!

Was diese Negativsteuerung im Gehirn auslöst, warum Verzweiflung, Schmerz und schließlich Lebensverneinung plötzlich so unumkehrbar scheinen, wissen wir noch nicht, ebenso wenig wie wir uns die positive Kraft des Lebenselans erklären können, der überhaupt erst Leben möglich macht. Lebenselan erscheint uns ebenso selbstverständlich wie der Fluchtinstinkt eines Vogels, der die Gegenwart der Katze meidet. Wir müssen aber unter den sich plötzlich so bedrohlich schnell ändernden Lebensbedingungen feststellen, dass der Grat des Lebenselans keineswegs so breit ist, wie wir es lange Zeit geglaubt haben. Zweifel stellen sich uns in den Weg, Negativinformationen nehmen an Qualität und Umfang zu, weil sie überall verfügbar sind und einen hohen Aufmerksamkeits- und Marktwert haben. Was lässt uns all das ertragen, wie lange dominiert der Sinn des Lebens über seine Unerträglichkeit?

Die Antwort steht noch aus, erwiesen aber scheint, dass das Auftreten einer Depression nicht ursächlich etwas mit verminderter Leistungsfähigkeit oder gar Leistungsbereitschaft zu tun hat – würden sonst überragende Sportler, die gerade noch schier unvorstellbare Leistungen vollbracht haben, über Nacht an Depressionen erkranken? Die Auslösemechanismen müssen wir vermutlich ganz woanders suchen – wo, ist das große Geheimnis. Beruhigend und tröstlich ist dagegen, dass auch einmal erkrankte Leistungssportler, oder wie es in anderen Berufen heißt, Leistungsträger, genesen und zu ihrer alten Form zurückfinden können – oft sogar gereifter und besser.

DA: Über die genauen Ursachen der Zunahme von Depressionen kann man nur spekulieren. Wir wissen, dass die Auslösung depressiver Erkrankungen häufig mit Belastungssituationen, Stress und Überforderung zu tun hat. Versucht man, genauer darüber nachzudenken, wie eine »Überforderung« eigentlich zustande kommt, so wird deutlich, dass dies zum einen sehr stark von individueller Belastbarkeit abhängt, zum anderen aber auch von der Häufigkeit unangenehmer Ereignisse. Ganz allgemein könnte man sagen, dass eine Überforderung dann eintritt, wenn ein Mensch nicht mehr in der Lage ist, sich einer veränderten äußeren Situation anzupassen, oder er diese Situation selbst nicht mehr so verändern kann, dass ein neues Gleichgewicht entsteht. Nicht zufällig treten depressive Erkrankungen sehr häufig an Schwellensituationen auf: nach dem Abschluss der Schule, beim Eintritt ins Berufsleben, nach der Geburt von Kindern, nach dem Ausscheiden aus dem Berufsleben etc. Zumindest bei einem Teil der Erkrankten scheint die Anpassungsfähigkeit an eine sich verändernde Welt reduziert.

Vergleicht man das Leben des modernen Menschen in dieser Hinsicht mit dem Leben früherer Generationen, so wird klar, dass wir in einer sehr komplexen Welt zurechtkommen müssen. Eine der Ursachen dafür ist die ungeheure Schnelllebigkeit der modernen Gesellschaft. Jahrtausendelang hat sich das Leben der Menschen über Generationen hinweg nur wenig verändert. Wer aber heute einen Dornröschenschlaf von 100 Jahren schliefe, würde die Welt buchstäblich nicht wiedererkennen. Selbst ein Jahrzehnt ist mit so vielen gesellschaftlichen und technischen

Neuerungen verbunden, dass nur durch fortwährendes Lernen ein Schritthalten möglich ist. Zwar ist das Leben heute in vielerlei Hinsicht sicherer, bequemer und »einfacher« als früher. Kaum jemand in unserer Gesellschaft ist mit krasser Armut, Hunger und dem nackten Existenzkampf konfrontiert. All das war früher anders: Die körperlichen Belastungen der Arbeit, mangelnde Hygiene und medizinische Versorgung, Hunger und Elend, hohe Säuglingssterblichkeit etc. stehen in einem deutlichen Kontrast zu unserem gut versorgten Leben im 21. Jahrhundert.

Auf der anderen Seite war trotz all dieser Widrigkeiten das Leben früherer Generationen weniger komplex und überschaubarer. Die Menschen lebten in festen familiären Bindungen (auch wenn diese nicht immer glücklich waren), der Partner, den sie heirateten, wurde ihnen von anderen ausgewählt, der Beruf war in der Regel der der Eltern, Religion und Rituale gaben klare Vorgaben. Das Ausmaß an Freiheitsgraden innerhalb des individuellen Lebens betrug nur einen Bruchteil im Vergleich zur heutigen Zeit. Der moderne Mensch dagegen muss wählen, er muss sein Leben bauen und gestalten, ob er will oder nicht. Im 21. Jahrhundert ist der Individualisierungsdruck größer denn je; der Anteil der Singles und Alleinerziehenden wächst stetig. Der Mensch verliert seine natürliche Einbettung in feste Strukturen; Gemeinschaften werden zu temporären Zweckbündnissen zur Erreichung bestimmter Ziele. Die Anpassungsleistung, die der moderne Mensch hier erbringen muss, die erforderliche Flexibilität und die geforderte Mobilität einer immer stärker ökonomisierten Welt fordern ihren Tribut. Viele Menschen sind nicht in der Lage, all das schadlos zu bewältigen, die Übersicht zu behalten, die vielen Fassetten in ein sinnvoll erlebtes Dasein zu integrieren. Nicht selten resultiert beim Einzelnen das Gefühl persönlichen Versagens und zunehmender Hilflosigkeit. Man schafft es nicht, bleibt zurück, einsam und sinnentleert. Beste Voraussetzung für die Entstehung von Depression.

22
Ist Depression eine Zivilisations-krankheit?

DA: Depression gab es zu allen Zeiten und in unterschiedlichsten Kulturen. Bereits bei den Griechen fanden sich Beschreibungen depressiver Zustände, die unserem heutigen Verständnis des Krankheitsbildes sehr genau entsprechen. Auch in der Bibel werden Gemütszustände beschrieben, die stark an das Leid einer Depression erinnern. Genannt seien nur die Klagepsalmen, in denen all die Furcht und Verzweiflung zum Ausdruck kommen, die auch der depressive Mensch erfährt. Viele berühmte Persönlichkeiten und Künstler scheinen unter Depressionen gelitten zu haben: Abraham Lincoln, Vincent van Gogh, Felix Mendelssohn Bartholdy, Winston Churchill und Ernest Hemingway, um nur wenige zu nennen. Einige von ihnen starben durch eigene Hand.

Wenn das Phänomen »Depression« seit jeher in verschiedenen Kulturen vorkam, so spricht wenig dafür, dass es sich hier nur um eine moderne Zivilisationskrankheit handelt. Aber auch wenn man über den Tellerrand der so genannten »entwickelten Länder« hinausblickt, wird deutlich, dass Depression auch in Ländern der Dritten Welt auftritt. Auf der anderen Seite wissen wir, dass sich die Krankheit zivilisationsabhängig anders darstellt und die Symptome je nach Kultur verschieden ausgestaltet sein können. Afrikaner, die unter Depression leiden, berichten beispielsweise in höherem Maße über körperliche Symptome, als dies bei Mitteleuropäern der Fall ist. Betroffene sprechen häufiger von körperlichem Unwohlsein, Schmerz und Erschöpfung als hiesige Patienten. Psychische Symptome wie mangelndes Selbstwertgefühl oder negative Zukunftsperspektiven treten dagegen weniger in den Vordergrund. Insofern gibt es also doch auch Aspekte bei der Erkrankung, die von Kultur zu Kultur variieren können. Gerade weil es diese Unterschiede gibt, ist es auch schwierig, zu einem genauen Urteil zu kommen, ob depressive Erkrankungen in Industrieländern häufiger auftreten als in ärmeren Ländern.

UH: Der heutige medizinische Begriff Depression besteht erst seit knapp 100 Jahren. Er hat sich jedoch aus den uralten »Melancholie«-Konzepten heraus entwickelt. Mit Melancholie wurden bereits von Hippokrates vor 2500 Jahren Krankheiten oder Charaktereigenschaften begründet, die mit Angst und Niedergedrücktheit einhergehen können und teilweise an die heutigen Diagnosekriterien für eine Depression erinnern. Zweifellos gab es bereits in der Antike Menschen, die an Depression erkrankten. Es gibt auch sonst keinen Zweifel, dass depressive Erkrankungen in allen Kulturkreisen vorkommen. Die Hoffnung des Kommunismus, dass mit Beseitigung der krank machenden Bourgeoisie auch die Depression verschwinden würde, hat sich nicht bestätigt.

Ob unsere heutige westliche Zivilisation, die von Atemlosigkeit, Bindungsarmut und Ungeborgenheit, aber auch Wohlstand, Freiheit und großen individuellen Entfaltungsmöglichkeiten geprägt ist, mit einer Zunahme depressiver Erkrankungen einhergeht, ist schwierig zu beantworten. Epidemiologische Untersuchungen zur Häufigkeit depressiver Erkrankungen geben hier keine sichere Antwort, da die Ergebnisse in sehr hohem Maße von der Bereitschaft der Befragten zur offenen und ehrlichen Beantwortung der Fragen abhängt sowie von den Kriterien, anhand derer eine Depression diagnostiziert wird. Der Verlauf von Suizidraten könnte indirekte Hinweise auf die Häufigkeit depressiver Erkrankungen liefern, da die meisten Suizide im Rahmen depressiver Erkrankungen erfolgen. Hier ist nun erfreulicherweise in Deutschland in den letzten 20 Jahren ein langsamer, aber kontinuierlicher Rückgang der Suizidraten von etwa über 20 Suiziden pro Jahr und 100 000 Einwohnern auf etwa elf festzustellen. Dieser Rückgang spricht zumindest nicht dafür, dass sich die Zahl depressiver Erkrankungen erhöht hat, ist allerdings auch kein klarer Gegenbeweis.

Bemerkenswert ist in diesem Zusammenhang der steile Rückgang der Suizidraten in den östlichen Bundesländern nach der Wiedervereinigung. Diese haben sich inzwischen an die Suizidraten der westlichen Bundesländer angeglichen. Dies steht in diametralem Widerspruch zu soziologischen Erklärungsansätzen der Suizidalität, wie sie von Émile Durkheim vertreten wurden. Nach diesen Theorien wäre wegen der sozialen Umbrüche, dem Verlust des sozialen Zusammenhalts und der Zunahme der Arbeitslosigkeit nach der Wiedervereinigung auch eine Zunahme der Suizidraten zu erwarten gewesen. Vielen Soziologen fehlt die unmittelbare Erfahrung mit depressiv erkrankten suizidalen Patienten, die Zurückhaltung lehrt, Depressionen zu stark als Funktion der sozialen Verhältnisse zu sehen.

Das Motto »Depression kann jeden treffen« hat seine Berechtigung.

23
Ist Depression die Kehrseite von Wohlstand?

DA: Natürlich fällt es auf, dass das Thema »Depression« vor allem in wirtschaftlich gut situierten Ländern (mit hohen Versorgungsstandards) vermehrt öffentlich diskutiert wird. Dabei ist auch heute noch immer das Vorurteil anzutreffen, dass depressive Menschen einfach keine Aufgabe hätten, mal »tüchtig arbeiten« müssten, verwöhnte Zeitgenossen seien oder echte Not noch nie am eigenen Leib erfahren hätten. Derartig ignorante Vorstellungen über die Erkrankung sind leider häufiger, als man meinen möchte. Bei einer repräsentativen Bevölkerungsbefragung in Nürnberg und Würzburg, die wir im Jahr 2000 mit insgesamt 1400 Interviews durchgeführt haben, waren immerhin 26 Prozent der Befragten der Meinung, dass Depression eigentlich gar keine richtige Krankheit sei. Fast die Hälfte der Befragten war der Ansicht, dass »Zusammenreißen« eine geeignete Strategie zur Überwindung der Depression sein könnte. Immerhin sahen 27 Prozent mangelnde Selbstdisziplin als wichtige Ursache depressiver Störungen an. Diese Zahlen dokumentieren, wie verbreitet die Bagatellisierung der Erkrankung noch immer ist: Wer Depressionen hat, ist im Grunde selbst schuld, verfügt über keine Selbstdisziplin und sollte sich zusammenreißen. Diese Urteile zeugen von einer krassen Verkennung der tatsächlichen Situation. An Depression erkrankte Menschen wünschen sich nichts sehnlicher als ein Ende ihres unsäglichen Leids. Sie sind ratlos und hilflos bezüglich der Ursachen und in sehr vielen Fällen machen sie sich Selbstvorwürfe und lasten sich persönliches Versagen an. Insofern hat Depression also nichts mit Faulheit oder mangelndem Engagement zu tun. Im Gegenteil: Depressive Menschen sind häufig diejenigen, die besonders pflichtbewusst versuchen, einer strengen Norm zu entsprechen, und daran scheitern. Depression ist nicht die Krankheit der Drückeberger. Man erkrankt nicht daran, weil man verwöhnt ist oder es einem »zu gut« geht.

Auf der anderen Seite kann man aber auch fragen, welche Anforderungen die »Wohlstandsgesellschaft« an den Einzelnen stellt. In unserem heutigen durchorganisierten Leben haben sich der Stellenwert des Individuums und die an es gerichteten Erwartungen verändert. Auf der einen Seite steht der Einzelne als Konsument ganz im Mittelpunkt. Betrachtet man Werbung und Medien als Spiegel der Wirklichkeit, so zeigt sich, dass die Verantwortung für das eigene Glück und die Selbstverwirklichung geradezu Bürgerpflicht sind. »Sei schön und erfolgreich«. Nicht zufällig kann ein Parfum mit dem Namen »Egoist« seine Umsätze steigern. »Ich bin es mir wert« ist ein weiterer Slogan, der die Ichbezogenheit dokumentiert. Jeder ist sich selbst der Nächste.

Auf der anderen Seite ist das Individuum aber völlig austauschbar. Es kommt gar nicht auf den Einzelnen an! Fällt jemand aus, dann übernimmt seine Stelle eben ein anderer. Sich selbst in solch einem Gefüge zurechtzufinden und als effizient zu erleben, ist nicht selbstverständlich. Bei einigen fehlt es an der fundamentalen Erfahrung, dass es sich lohnt, etwas bewirken zu wollen und sich trotz Hindernissen anzustrengen. Ich erlebe das exemplarisch bei Menschen, für die unsere Gesellschaft keine Verwendung mehr zu haben scheint: die Gescheiterten, deren Arbeitsplatz wegrationalisiert wurde und die nun mit über 50 Jahren chancenlos sind im Wettbewerb um offene Stellen. Fast nichts scheint den Selbstwert von Männern mehr zu gefährden als der Verlust des Arbeitsplatzes. Angesichts von über fünf Millionen Erwerbslosen vom Einzelnen hier mehr Eigenverantwortung zu fordern, wirkt fast zynisch. Aber nicht nur Arbeitslose, sondern auch viele andere Menschen inmitten einer von Bürokratie, Ökonomie und Globalisierung geprägten Gesellschaft erleben zunehmend ihre Einflusslosigkeit: Politiker, Lehrer, Einzelhändler, Landwirte, Polizeibeamte, Krankenhausärzte und viele andere mehr. Woher sollen Impulse zu Aktivität und Eigenengagement kommen, wenn Veränderung so aussichtslos erscheint? Zu oft macht es einfach keinen Unterschied, ob man sich anstrengt oder nicht. Gerade der Mangel an persönlicher Effizienzerfahrung führt zu Resignation: Was ich tue, ist sowieso einerlei. Man braucht mich im Grunde gar nicht. Eng damit verbunden ist der Verlust an Lebenssinn, den der Psychotherapeut Viktor Frankl als wesentliche Ursache des psychischen Leids des modernen Menschen ansieht. Zwar leben die Menschen heute immer länger, aber doch nicht zufriedener. Hier gilt tatsächlich das Paradoxon, dass die immer »gesündere Gesellschaft« es doch nicht vermag, den Einzelnen glücklicher zu machen. Im Gegenteil: Verunsicherung und Vereinsamung scheinen zuzunehmen. Und damit die Depression?

24
Unterscheidet sich die Depression bei Frauen und Männern?

UH: Frauen erkranken etwa doppelt so häufig an einer Depression wie Männer. Woran das liegt, ist nicht einfach zu sagen. Eine Rolle könnte spielen, dass Frauen vielleicht eher als Männer bereit sind, eine Depression zu akzeptieren und über ihre Gefühle zu sprechen. Auch können bei der Frau hormonelle Schwankungen vor der Menstruation oder nach der Geburt eines Kindes ein Faktor sein. Eine Stimmungsänderung vor der Menstruation, das so genannte prämenstruelle Syndrom mit Gereiztheit und labiler Stimmung, ist vielen Frauen vertraut. Dass die Doppelbelastung durch Familie und Beruf, unter der manche Frauen stehen, Depressionen verursacht, hat sich in Studien nicht zeigen lassen. Das Krankheitsbild selbst ist bei Männern und Frauen sehr ähnlich. Die Schuldgefühle oder Zukunftsängste suchen sich ihre Themen aus dem jeweiligen Lebenskontext, so dass vielleicht Schuldgefühle gegenüber den Kindern bei Frauen, berufliche Zukunftsängste bei Männern verbreiteter sein dürften. Diskutiert wurde, ob sich bei Männern Depressionen häufiger durch Aggressivität und Gereiztheit manifestieren, eindeutige Belege hierfür fehlen jedoch.

25
Ist die Depression ein ausgeprägt deutsches Phänomen?

HR: Eine erhellende Frage, die aus meiner Sicht mit Entwöhnung und Verwöhnung zu tun hat, man könnte es auch die Entsagung der Täterrolle nennen. Ein Blick zurück: Die Täter, also die Kriegsverantwortlichen des Ersten Weltkrieges, haben ihre

Entmachtung nie verkraftet und vorübergehend den mentalen Ausweg in der Opferrolle gesucht, um schon bald wieder zu Tätern werden zu können – in der Politik, beim Militär, in der Wirtschaft. Niemand ist gern Opfer einer Entwicklung oder eines Angriffs, Täter sein dagegen schafft Überlegenheit. Nur so lässt sich die große Zustimmung in der deutschen Bevölkerung auch für den Angriffskrieg 1939 erklären, nur so das entsetzliche Unrecht gegenüber allen, die überlegen schienen. Aus ihnen mussten Opfer werden – mit dem Holocaust als furchtbare Konsequenz. Nach dem zweiten verlorenen Krieg aber gab es kein Zurück in die Täterrolle, nein, noch nicht einmal in die Opferrolle, schließlich war eine ganze Generation zu Tätern verführt und schuldig geworden – gewehrt haben sich ja nur wenige. Wo also nach 1945 die eigene Identität suchen? Täter und Opfer haben ein Profil, was aber hatten die Deutschen? Eine Aufgabe – den Wiederaufbau. Hier kam ihnen ihr profilloser Status plötzlich zugute, die Kräfte ließen sich bündeln und auf das schon bald einsetzende »Wirtschaftswunder« fokussieren. Ein Wunder war es auch deshalb, weil eigentlich völlig unerwartet mit aller materiellen Lebensverbesserung auch das gesellschaftliche Ansehen der Deutschen in der Welt wieder wuchs – in Ost und West. Als Konsument mit potenter Währung war man auch im Ausland schon bald gern gesehener Gast. Wachstum schien das Zauberwort des Westens, erste Zweifel des Club of Rome an dieser Ideologie Ende der Sechzigerjahre wurden ignoriert, die Grenzen des Wohlstandes schienen noch lange nicht erreicht, alle Zeichen standen auf Grün für eine glanzvolle materielle Zukunft.

Und plötzlich gerät der kraftvolle Wirtschaftsmotor ins Stocken, Vollbeschäftigung und Wohlstandsmehrung für alle sind Vergangenheit, die Perspektiven sind nicht rosig, Besserung ist nicht in Sicht. Begriffe wie Agenda 2010 vertrösten auf die Zukunft, Ich-AGs sollen einen Bewusstseinswandel einleiten, auf den wir im Rollenspiel noch gar nicht vorbereitet sind. Darüber hinaus schafft die wirtschaftliche Globalisierungswelle eine vollkommen unerwartet allgegenwärtige Konkurrenz, der wir uns bis dato stets überlegen fühlten – und all das vollzieht sich in einem Zeitraum von nicht einmal zehn Jahren.

War anfangs friedliche Profillosigkeit unser mentaler Standortvorteil, so war es schon bald als erfolgreiches Markenzeichen das »Made in Germany«, für das ein Label, aber nicht unbedingt ein Profil stand. Sein Glanz verblasst nach lang andauernder Strahlkraft, um dem des Verlierers zu weichen, dessen Ursachenanalyse wir aber aus Scham und Kalkül gleichermaßen verdrängen, um uns in die willkommene Opferrolle flüchten zu können – Opfer der Politik, der Euroeinführung, der EU-Erweiterung nach Osten und natürlich der Globalisierung. Wir stehen nach 50 Jahren überraschend – aber nur scheinbar unerwartet – vor der Aufgabe, nun wirklich ein eigenes Profil entwickeln zu müssen, das sich überzeugend allen gesellschaftlichen, wirtschaftlichen und moralischen Herausforderungen stellen kann. Und dafür gibt es vermutlich nur ein Rezept: Wir müssen wieder zu »Tätern« werden, wir müssen selbstbewusst unsere Interessen wahrnehmen und sie auch durchsetzen, um im Wettstreit der Besten wieder an Format zu gewinnen. All das obliegt einer besonderen Verantwortung und: Es birgt die Gefahr, innen- und außenpolitisch anzuecken oder gar, sich ernst zu nehmende Gegner zu schaffen. Die Alternative wäre der bewusste Verzicht auf wirtschaftliche Prosperität, also ein ökonomisches Gegenmodell. Warum eigentlich nicht?

Wir müssen uns also als Gesellschaft entscheiden, ehe die Umstände über uns entscheiden. Noch ist es eine Entscheidung aus freien Stücken, Ausdruck der Selbstbestimmung und der Freiheit. Lebenselan ist dabei unverzichtbar, und da unsere wirtschaftliche »Depression« noch lange keine Krankheit ist, sondern erklärbarer Ausdruck langjähriger politischer Unentschlossenheit, haben wir eigentlich die besten Voraussetzungen für ein vorbildliches und tragfähiges Gesellschafts- und Politikmodell für die Zukunft. Sprechen wir also nicht länger von der

Depression als einem ausgeprägt deutschen Phänomen, nennen wir es lieber Unentschiedenheit, Verwöhntheit und Überheblichkeit und am Ende Inkompetenz. Die Depression ist eine Krankheit – aber noch lange nicht alle in diesem Land sind krank. Die beschriebenen Probleme daher als deutsche Depressionsanfälligkeit zu bezeichnen, ist unredlich und muss all diejenigen tief kränken, deren individuelles Krankheitsschicksal nichts, aber auch gar nichts mit der für uns so sprichwörtlichen deutschen Verzagtheit zu tun hat. Verzagtheit und enttäuschtem Jammern kann man mit Optimismus, Kraft und Entschlossenheit begegnen, eine Krankheit dagegen bedarf der kompetenten Behandlung. Ein großer Unterschied und kein deutsches, sondern ein ernst zu nehmendes, inzwischen längst globales Phänomen.

26

Ist die Weltsicht von depressiven Menschen nicht im Grunde ganz realistisch?

DA: Ich erinnere mich an eine Psychopathologie-Vorlesung im dritten Semester meines Studiums. Der Professor stellte einen 58-jährigen Patienten mit einer schweren Depression vor und bat ihn, dem Auditorium von seinem Leiden zu erzählen. Er berichtete über die Aussichtslosigkeit, im Leben wieder Fuß zu fassen. Seine Frau war vor Jahren an Krebs verstorben und er hatte sie aufopferungsvoll bis in den Tod gepflegt. Nach ihrem Tod fand er nicht wieder zurück ins Leben. Er war selbstständig gewesen und vernachlässigte seine Geschäfte nun zunehmend. Es interessierte ihn einfach nicht mehr. Er lebte eine Zeit vom Ersparten und kümmerte sich nicht mehr um die Dinge des Alltags: Er zog sich zurück, verbrachte ganze Tage grübelnd, ohne einen anderen Menschen zu sehen. Einmal im Jahr kam der in den USA lebende Sohn zu Besuch, schaffte es aber nicht, den

Vater in seiner Depression zu erreichen. Alles schien hoffnungslos. Alles Streben nach Glück sei doch nur »ein Haschen nach Wind«. Er habe seine Frau nicht retten können, allen Anstrengungen zum Trotz. Offen erzählte er davon, dass der Tod für ihn eine Erlösung wäre.

Ich war damals erschüttert, beeindruckt und spürte einen deutlichen Sog: Hatte er nicht im Grunde Recht? Waren es nicht zutiefst wahre und aufrichtige Erkenntnisse? Seine Verzweiflung angesichts des Erlebens der eigenen Begrenztheit, der Unerreichbarkeit längeren Glücks und die tiefe Hoffnungslosigkeit, jemals aus diesem Zustand erlöst werden zu können, erschien mir als nachvollziehbar und realistisch. Recht hatte er doch! Lohnt sich ein Leben denn überhaupt, wenn es ohnehin nur in Elend, Tod und Schmerz endet? Es ist unbequem und deprimierend, solche Reden zu hören. Wer Jean Amérys Buch *Hand an sich legen* liest, der spürt den dunklen Sog, der von einer solchen Sichtweise ausgeht. Es sträubt sich vieles in uns, in diese grauenhaften Tiefen hinabzusteigen. Dennoch könnte man sagen: Ja! Es liegt ein Kern Wahrheit in der zutiefst pessimistischen Weltsicht des Depressiven. Das Leben ist ein mühsames Hamsterrad. Glück ist immer flüchtig; Schmerz unvermeidlich. Mit am quälendsten ist die Aussicht, dass nicht nur wir selbst sterben müssen, sondern – viel schlimmer – auch unsere Kinder und Kindeskinder nicht davor bewahrt werden können. Wer bereit ist, sich auch nur einen Augenblick lang auf diese grausame Tatsache einzulassen und den unerträglichen Schmerz zu spüren, der davon ausgeht, weiß, wovon ich spreche.

Es ist ein großartiges Geschenk und eine wunderbare Gnade, dass Menschen vergessen und verdrängen können. Und wenn der Spruch gilt, dass alles Glück nur flüchtig ist, so ist das selbstverständlich in gleicher Weise für das Unglück wahr. Dauerhaftes Unglück ist dem Leben in der Regel genauso fremd wie dauerhaftes Glück. Menschen, die einen sehr schweren Verlust erlitten haben, sind manchmal darüber erschüttert, wenn sie nach bittersten Tränen und Leid in Situationen kommen, die sie zum Lachen bringen. Wenn wieder Freude und Kraft aus ihnen sprüht, ohne dass der Schmerz des Verlusts wirklich schon nachgelassen hätte.

Die Anpassungsleistung des Menschen an verschiedenste und auch traumatische Situationen ist erstaunlich. Dem Großteil gelingt es, auch schwere Schicksalsschläge zu verkraften, ohne dass es zu einer immerwährenden Beeinträchtigung des ganzen zukünftigen Lebens kommen würde. Sicherlich bleiben Narben, aufwühlende Erinnerungen und auch Schmerz. Dennoch wird ein Leben wieder neu möglich, in dem der Mensch beginnt zu gestalten und wieder aktiv teilzunehmen. Depression ist insofern kein natürlicher Zustand, als er dieses Auf und Ab, das den Lebensfluss bestimmt, durchbricht. Das Unglück ist nun nicht mehr flüchtig, kurz und überwindbar, sondern es ist dauerhaft. Schwer und erstarrt. Als Momentaufnahme ist das, was der Mensch in der Depression erlebt, tatsächlich realistisch und eine erschütternde Wahrheit. Im Gefüge der Zeit zeigen sich hingegen Lähmung und Unbeweglichkeit, die der Vielfalt des Lebens nicht mehr entsprechen. Unglück ist tatsächlich wahr. Aber eben nur für eine begrenzte Zeit. Die Realität liegt im Wechsel, im Wandel und der Veränderung. Nichts währt ewig, auch nicht die Depression.

27
Bedeutet depressiv sein, die tägliche Verdrängung von Sinnlosigkeit, Schmerz und Hoffnungslosigkeit zu durchbrechen und der Wahrheit ins Gesicht zu blicken?

HR: Wir sollten sehr deutlich zwischen melancholischer Weltbetrachtung und intellektueller Wahrheitssuche auf der einen Seite und der krankheitsbedingten Lebensflucht des Depressiven, der bilanzierend seine eigene Wahrheit nicht mehr erträgt, auf der anderen unterscheiden. Aus dem melancholischen Einlassen auf die Abgründe des Lebens mit allen nur denkbaren Erschütterungen und dem gewagten Vordringen zur Sinnfrage gibt es immer auch ein intellektuelles Zurück, so düster die Betrachtung im Augenblick des Geschehens auch ausfallen mag. Gesunder Lebenselan verträgt den Zweifel und akzeptiert, was individuell nicht wirklich zu ändern ist – die Schlechtigkeit der Welt, das große Gefälle von Arm und Reich, den allgegenwärtigen Tod durch Naturkatastrophen, politische Radikalität oder den Schicksalsschlag, der den Nächsten trifft. Erschütterungen sind immer Ausdruck einer übergeordneten Wahrheit, die der Auseinandersetzung und nur allzu oft allein der Akzeptanz bedürfen. Beide Gedankenansätze vermögen es dann häufig, Kräfte freizusetzen, das Unabwendbare zu ertragen oder auch mit eigenem Engagement dem Elend in der Welt die Stirn zu bieten. Hier kann jeder seiner ganz persönlichen Verantwortung und seinen Kräften gemäß wirken und Gutes tun. Es liegt im eigenen Ermessen, er kann sich dafür oder dagegen entscheiden. Die Pole sind Moral oder Kalkül.

Wer an Depressionen leidet, streift diese Wahrheiten ebenso, aber die Folgen einer solchen Konfrontation sind ganz andere, weil dem Kranken in der Depression das nüchterne Abwägen nicht mehr gelingt: dem Elend auch die Freude, dem Schmerz die Hoffnung entgegenzusetzen. Wie der Melancholiker in der Ich-Versunkenheit verfügt auch der Mensch in der Depression über ein besonders fein justiertes Instrumentarium, das auch kleinste Nuancen wahrzunehmen vermag, vor allem dann, wenn sich diese als bedrohlich interpretieren lassen. Für den Depressiven wird irgendwann alles bedrohlich, weil sich das Ich gegen die erlebte Verzweiflung, den Schmerz und die Ausweglosigkeit nicht mehr wehren kann. Kein relativierender Gedanke erreicht den Kranken, keine noch so offensichtliche Perspektive oder gar der Verweis auf die eigenen Ressourcen können den Strudel in die Lebensverneinung aufhalten. Ja, der Depressive ist durchaus ein Seismograf der Wahrheit, in dem Sinne, dass er die dunklen Seiten des Seins auszuloten vermag, dabei aber die Leiter aus dem Blickfeld verliert, die ihn jederzeit auch wieder ans Licht der Hoffnung zurückzubringen vermag. Er ist in der Krankheitsphase intellektuell oft nur schwer und emotional für andere kaum noch erreichbar. Wahrheit ist nicht länger disputabel, interpretier- oder auch relativierbar, sondern trägt stets allgegenwärtig die furchtbare Fratze der alles durchdringenden Hoffnungslosigkeit. Dieser sich selbst zerstörende Blick auf die Welt unterscheidet den Kranken vom Gesunden, nicht der Wahrheitsgehalt ihrer Betrachtung.

DAS PERSÖNLICHKEITSBILD DES DEPRESSIVEN

28
Sind depressive Menschen sensibler, aufmerksamer und kreativer?

HR: Empfindsam und empfindlich gegenüber allen möglichen Sinneseindrücken ist der Depressive ganz sicher, auch ist er stets übermäßig aufmerksam – besonders in Bezug auf alle Botschaften, die ihm bedrohlich erscheinen. Kreativer als andere, gesunde Menschen aber kann er schon deshalb nicht sein, weil der Krankheitszustand Depression jedwede schöpferische Aktivität geradezu ausschließt. Kreativität bedeutet ausprobieren wollen, setzt das Einlassen auf Variantenreichtum voraus, ringt nach Lösungen, verwirft, beginnt noch einmal, bis am Ende ein innovatives Ergebnis vorliegt – eine kreative Neuschöpfung. Der Kreative kann seine Begabung auf vielen Feldern einsetzen, während der Depressive, wenn er denn überhaupt schöpferisch tätig ist, nur dazu in der Lage ist, sein eigenes Befinden und seine Rolle in der Welt darzustellen – den personifizierten Schmerz, Angst und Hoffnungslosigkeit. Nein, der Depressive ist nicht kreativer als andere, jedenfalls nicht, solange er als krank zu bezeichnen ist. Ist er dagegen wieder gesund, mögen ihm seine Empfindsamkeit und sein feines Sensorium in der eigenen Kreativität besonders zugute kommen. Dann wird ihn seine Sensibilität, weit ausgefahrenen Antennen gleich, in Bereiche führen, die dem nur begabten Kreativen verschlossen sind.

Der Gesunde kann über seine Sensibilität verfügen wie der Pianist über den Klang der angeschlagenen Tasten, er kann sie kontrollieren und gezielt einsetzen, er leidet nicht an der eigenen Empfindsamkeit, sondern ist dankbar für deren Geschenk. In der Depression dagegen wird die Empfindsamkeit zum enervierenden Echolot der eigenen Befindlichkeit. Das dünnhäutige Ich vergleicht ständig seine Position, stellt zeitgleich schier unüberwindliche Differenzen dar, bis es irgendwann dem Druck der permanenten Selbstinspektion erliegt. Der Blick auf das Selbst gleicht der Fixierung auf einen ganz kleinen Bildausschnitt – und seine Farbe ist schwarz. Entsprechend düster ist der Eindruck, den dieses Bild im Bewusstsein hinterlässt. Wäre er in der Lage, sowohl Blickwinkel als auch Bildausschnitt zu ändern, würde er wahrnehmen, dass es nicht nur eine Unzahl von Motiven zu bestaunen gibt, sondern dass diese auch noch unerschöpflich vielfarbig und in der Wirkung faszinierend und beglückend sind. Sensibilität als Phänomen hat also zwei Gesichter: das strahlende Lächeln der Überlegenheit ebenso wie das verzerrte Antlitz der Trostlosigkeit. Im besten Falle schenkt uns Sensibilität auch Kreativität, im Krankheitsfall dagegen wird diese Gabe zum Fluch, dem sich der Depressive nur allzu oft nicht entziehen kann.

29

Sind depressive Menschen kränkbarer als andere?

HR: Ja, eindeutig – aber nur während der Erkrankung, also in einer depressiven Episode. Die Erklärung ist einfach. Jeder ist kränkbar, jeder hat irgendwo einen wunden Punkt, der, wird er berührt oder gar strapaziert, Schmerzen und Wundmale hinterlässt, Wut und vielleicht sogar Hass auslöst. Es sind also sehr starke emotionale Reaktionen. Diese wunden Punkte können alle nur denkbaren Schattierungen und Reizmuster sein: die als peinlich empfundene soziale Herkunft, Körpergröße, Verweise auf Elternhaus oder Geschwister, den Bildungsstand, den Lebenspartner, die religiöse Zugehörigkeit oder einen vermeintlichen körperlichen Defekt. Der Hinweis auf ein derartiges »Stigma« – das nur der Betroffene als solches empfindet, andere dagegen häufig gar nicht wahrnehmen oder negativ bewerten – kann zu heftigsten Reaktionen führen. In ihrer Unbedingtheit und Ausprägung sind derartige Verhaltensweisen für Dritte oft unverständlich, weil sie so unverhältnismäßig erscheinen. Es sind aber für den Gesunden immer auch Reaktionsmuster der Abwehr und der Gegenwehr.

Die Kränkung durch den anderen wird also im Sinne eines Selbstschutzes beantwortet und geriert oft ungeahnte Kräfte, um diese wunden Punkte für immer zu tilgen. Als Beispiel sei das Ablegen des eigenen Namens genannt, die Konvertierung oder auch eine Serie von Schönheitsoperationen. Ganz anders reagiert der Depressive auf Kränkungen. Da sein Selbstwertgefühl und seine Selbstachtung krankheitsbedingt sehr eingeschränkt sind, fehlen ihm jedwede Abwehrkräfte und konstruktive Reaktionsmuster, Kränkungen angemessen zu verarbeiten. Die Kränkung wird vielmehr als geradezu folgerichtig empfunden, gleichsam als zusätzlicher Beweis der eigenen Unzulänglichkeit. Und da dem Kranken die Kraft zur Relativierung und zur Gegenwehr fehlt, addiert sich jede noch so kleine Kränkung zur ohnehin schon als deprimierend empfundenen Lebensbilanz. Die Folgen des Krankheitsgeschehens sind Rückzug, Abwenden, Schweigen und schließlich die Emigration in das todbringende Land der Einsamkeit. Diese ganz typischen Überreaktionen eines Depressiven auf Kränkungen nehmen Angehörige und Freunde dann als vollkommen unverhältnismäßig und übertrieben wahr – mit dem Ergebnis, dass der Depressive besonders leicht und tiefgreifend kränkbar ist.

Ist die Krankheit aber überwunden, so meine eigene Erfahrung, relativieren sich Kränkungen sehr schnell, werden durchschaubar und für den eigenen entschlossenen Lebensweg nicht mehr als Hindernis oder gar Bedrohung empfunden. Als wäre die Depression die schlimmste Kränkung überhaupt, weil das Ich unverzeihlich das Selbst verleugnet hat, kann sich jede andere Form der Kränkung dagegen nur als unbedeutend ausnehmen. Somit wird der Umgang mit Kränkungen auf der einen Seite auch zum Gradmesser, ob die Krankheit wirklich überwunden ist, auf der anderen bedeuten sie die seismografischen Ausschläge einer latenten Anfälligkeit für die Depression. Fällt das Reaktionsmuster emotional und rational aus, ist es in der Lage abzuwägen und Gegenkräfte zu mobilisieren, ist die Depression gebannt. Überwiegen die nicht mehr zu bändigenden emotionalen Ausschläge, ist die Gefahr der Krankheit noch gegenwärtig. In jedem Falle sind Kränkungen immer auch Herausforderungen: Was kann ich, was will ich aushalten? Hier sind die Grenzen zwischen krank und gesund fließend – diesem Phänomen sollten wir mit größtem Respekt begegnen.

DA: Menschen, die unter depressiven Erkrankungen leiden, haben oft ganz besonders hohe Ansprüche an sich selbst. Sie versuchen, ihr Bestes zu geben, und es fällt ihnen schwer, mit sich selbst zufrieden zu sein. Häufig kann man die Beobachtung machen, dass Menschen, die unter Depression leiden, in ihrem Selbstwertgefühl auch außerhalb der Depression nicht sehr stabil sind. Manche versuchen dann durch besonderen Fleiß und Sorgfalt Halt zu finden. In anderen Fällen kann das mangelnde Selbstwertgefühl auch dazu führen, dass der Betroffene zu anderen Kompensationsmechanismen greift. Wenn ein Mensch sich »seiner selbst nicht sicher« ist, dann kann es passieren, dass er – zum eigenen Schutz – seine Leistungen und seine Persönlichkeit in den Mittelpunkt stellt. Er nimmt sich selbst sehr wichtig und kann sich in andere Menschen oft nicht gut hineinversetzen. Er möchte der Beste sein und bewundert werden.

Dieser als »Narzissmus« bekannte Mechanismus ist in der Persönlichkeitsstruktur von Menschen mit Depression nicht selten anzutreffen, aber natürlich sind nicht alle depressiv erkrankten Menschen überdurchschnittlich narzisstisch. Dies trifft nur auf eine Teilgruppe der Erkrankten zu. Sie sind ganz besonders empfindlich gegen Kränkungen. Selbst freundlich gemeinte Ratschläge und Hinweise können von ihnen als rüder Angriff wahrgenommen werden. Typisch wäre dann eine aufbrausende und abwertende Reaktion: »Der hat ja überhaupt keine Ahnung! Eine Unverschämtheit und Unverfrorenheit, mich so zu beleidigen und mir derart absurde Dinge vorzuwerfen!« Die Abwertung und Zurückweisung der Kritik dienen wiederum dazu, den eigentlich schwachen Selbstwert zu schützen. Das im Narzissmus »künstlich aufgeblasene« Ego droht zusammenzubrechen, wenn die Kränkung zu massiv wird. Wenn also Abwehrstrategien und Verdrängungsmechanismen versagen, so kann es passieren, dass der narzisstisch gekränkte Mensch in eine tiefe Krise stürzt, in der sich auch Suizidgedanken einstellen.

30
Gibt es den »typischen« Depressiven?

DA: Zumindest gibt es das typische Klischee! Die frustrierte Mitte vierzigjährige Mutter und Hausfrau, deren Kinder sich zunehmend abnabeln. Oder auch der alternde kranke Mensch, der von seiner kargen Rente kaum leben kann. Tatsächlich geht das Vorurteil an der Wirklichkeit weit vorbei. Depression ist keine Krankheit, die für Außenseiter der Gesellschaft reserviert ist. Sie trifft alle Altersgruppen und sozialen Schichten; die scheinbar

Erfolgreichen genauso wie die Erfolglosen. Letztlich ist niemand davor gefeit. Auf der anderen Seite kann die Ausgestaltung der einzelnen Symptome von Fall zu Fall sehr unterschiedlich sein.

31
Ist der Depressive ein Perfektionist, der sich ständig überfordert?

HR: Der Depressive ist keineswegs ein überzeugter Perfektionist, ganz im Gegenteil. Solche Zuschreibungen dienen nur der Stigmatisierung. Es ist vielmehr eine Rolle, die er unfreiwillig verinnerlicht hat, weil er krankheitsbedingt glaubt, unbedingt alles richtig machen zu müssen. Er ist also nicht ein Perfektionist, der Gefallen an seinem eigenen Tun findet – wie etwa der erfolgsorientierte Sportler am exzessiven Training oder der karrierebewusste Berufsanfänger –, sondern ein Getriebener, der sich ständig einer imaginären Institution gegenübersieht, die sein Handeln beurteilt und in der Regel für nicht gut genug befindet. Das Urteil kann deswegen nicht positiv ausfallen, weil der Depressive der Illusion nachhängt, sich in der für ihn richtigen Lebensrolle zu befinden, aber das ist ein Irrtum, den er sich nicht eingestehen will.

Nur das überzeugte, das gesunde Ich kann sich konstruktiv fordern und auch temporär überfordern, weil es die eigenen Grenzen austesten und auch einmal überschreiten will. Derartige Forderungen an sich selbst drücken positiven Lebenselan und Ehrgeiz aus, sie sind zukunfts- und Ego-orientiert. Die Forderungen, die der Depressive an sich stellt, sind dagegen stets mit der Angst behaftet, in dieser Welt nicht bestehen zu können, ihr nicht gewachsen zu sein. Dennoch fühlt er die strenge Verpflichtung, sich immer wieder stellen zu müssen, weil er meint, keine Alternative zu haben – er ist in der permanenten negativen Selbstbeurteilung temporär das Opfer seiner Krankheit. Aus dieser Haltung heraus wird sich nie ein starkes Ich entwickeln können, weil es nie Lob und Anerkennung erfährt – schon gar nicht von sich selbst. Derartige Forderungen haben keinen positiven Lern- und Trainingseffekt, im Gegenteil, sie zermürben. Wer sich selbst in seinem Tun nicht annimmt, kann die Forderungen quantitativ und qualitativ noch so hoch ansetzen, er wird nie das Gefühl haben, seinen Aufgaben gerecht geworden zu sein. Auf diesem beschwerlichen Lebensweg entgleitet das Ich irgendwann zwangsläufig sich selbst. Es ist nicht mehr in der Lage, das eigene Tun zu relativieren, mit der Folge, dass die Angst zu versagen und unverzeihliche Fehler zu machen, immer dominanter wird. Jetzt beginnt der Rückzug aus dem Leben, die Abkehr von Freunden und Verwandten – die gefährliche, selbst gewählte Isolation in der Depression. Das Leben wird im Wortsinne unerträglich, das Ich hält sich selbst nicht länger aus.

Der Kranke überfordert sich also nicht in dem Sinne, dass er prinzipiell die Leistungsanforderungen, die an ihn gestellt werden, nicht erfüllen kann, weil er nicht begabt, qualifiziert oder engagiert genug ist, sondern er bürdet sich Forderungen auf, für die er meint, verantwortlich zu sein, die er aber gar nicht erfüllen kann, weil sie nicht seiner Ich-Anlage entsprechen. Es sind also die vielleicht richtigen Forderungen an das falsche Ich, die den Eindruck der Überforderung hervorrufen. Erst wenn diese Form der Lebensillusion überwunden ist, wenn also die Therapie dazu geführt hat, dass das eigene, hochempfindliche Sensorium auch wieder in der Lage ist, das Ich wahrzunehmen, es anzunehmen und gestalten zu wollen, wird es auch wieder möglich sein, alle Ich-gemäßen Forderungen – die äußeren und die inneren – angemessen zu beantworten, mit Ja und mit Nein. Der Depressive krankt also nicht daran, dass er sich überfordert, sondern daran, dass er den Umfang der Forderung und ihre Qualität falsch einschätzt. Die gesunde Reaktion auf eine Überforderung ist die Verweigerung, es sei denn, eine solche Ausnahmesituation wird als persönliches Experiment verstanden. In der Depression selbst, aber auch schon auf dem Wege dorthin, ist das eigene Beurteilungsvermögen gestört, nicht aber die grundsätzliche Leistungsfähigkeit. Die ist nur verschüttet, ihr Umfang wird erst dann erfahrbar, wenn der Patient sich selbst angenommen und wieder zu einem eigenen Ich gefunden hat. Wie immer das auch aussehen mag. Ein oft sehr beschwerlicher Weg – zu dem es aber keine Alternative gibt, soll die Depression wirklich nachhaltig überwunden werden.

32

Depression – Flucht aus dem Leben und Drückebergerei?

HR: Nein. Der Depressive flieht zuerst einmal ebenso wenig das Leben wie jeder andere Kranke. Flucht ist ein instinktiver Akt des sich Entziehenwollens, weil Gefahr droht. Das wollen weder der Depressive noch derjenige, der mit einem körperlichen Gebrechen ans Bett gefesselt ist. Beide sind auch keine vorsätzlichen Drückeberger. Nur: Wer körperlich erkrankt ist und statistisch sowie in der eigenen Wahrnehmung schon bald wieder genesen sein wird – es sei denn, er ist ein ausgeprägter Hypochonder, der permanent mit seinem Leiden kokettiert –, wird den Tag herbeisehnen, an dem die Krankheit ausgeheilt ist und er das Bett wieder verlassen kann. Im Unterschied dazu kann sich der Depressive Gesundheit und Lebensfreude – also den überlebenswichtigen Elan – gar nicht mehr vorstellen. Mit Leben, so wie es der Depressionskranke erlebt, sind Schrecken, Angst und Hoffnungslosigkeit verbunden, nicht Perspektiven auf eine glückliche Zeit danach. Auch wenn es manchmal den Anschein hat, dass sich der Depressive »verkriecht«, anstatt seinen Pflichten nachzukommen, so trügt dieser Schein. Gleichzeitig ist eine solche vorschnelle Beurteilung für den Laien nahe liegend, ist der angeblich so Kranke doch nicht ans Bett gefesselt und geht auch nicht an Krücken. Nein, auf den ersten Blick sieht er vollkommen gesund aus, auch kann er gewisse Tätigkeiten offensichtlich durchaus wahrnehmen, wie spazieren gehen, den Überweisungsbeleg bei der Bank abgeben oder ein Museum besuchen. Wer das kann, der kann auch arbeiten, und wenn er es nicht tut, dann wird er sich wohl in die Krankheit flüchten, weil es angenehmer ist, als den lästigen täglichen Verpflichtungen nachzugehen. Weit gefehlt. Die beschriebenen Aktivitäten des Depressiven sind die wenigen noch nicht abgebrochenen Brücken ins Leben, bedeuten große Anstrengungen und stellen die letzten noch zu mobilisierenden Kraftreserven dar. Deshalb trifft es den Kranken auch so, wenn die Angehörigen ihn auffordern, doch wenigstens einmal den Rasen zu mähen – schließlich könne er ja auch spazieren gehen. Nein, gerade dieses Mehr an Kraftanstrengung kann er nicht aufbringen, was ihn umso mehr verzweifeln lässt, wird ihm doch nichts anderes als Arbeitsverweigerung und Drückebergerei unterstellt.

Natürlich sind bei all diesen Betrachtungen die Grenzen fließend und der eine kann mehr als der andere aushalten, weil er sich in einem anderen, weniger schlimmen Krankheitsstadium befindet. Es ist eigenartig, wie sich die Bilder gleichen. Der Eremit flieht die Welt, weil er sich selbst genug und in der Lage ist, über lange Zeit glücklich und erfüllt von der Kontemplation zu zehren. Auch der Depressive flieht die Welt, aber er tut es, weil er sich selbst nicht mehr erträgt, er flieht also vor sich selbst und irgendwann flieht er dann auch das Leben, weil nur noch der Tod ihm Erlösung von seiner Qual verspricht. Kurz: Seien wir nicht vorschnell in der Beurteilung eines Depressiven, beschäftigen wir uns lieber mit ihm, begleiten wir seine kleinen oder auch größeren Therapieschritte und achten wir darauf, was er sich selber zumutet und ob auch wir ihm etwas zumuten sollten, damit er sich in der Selbsterfahrung auch wieder annehmen kann, so klein die Schritte auch sein mögen. Irgendwann werden sie größer und auch für ihn biografisch wieder bedeutsam. Dieses ist die so oft zitierte Situation, an der sich der noch Kranke am Scheideweg befindet: Verharre ich in der Krankheit, weil mir die Kraft zum Leben fehlt, oder trete ich die Flucht nach vorn an, weil ich gesund werden und sein will. Laien sollten sich bei der Beurteilung einer solchen Situation zurückhalten, Therapeuten dagegen den Patienten ermutigen, seine Ressourcen zu akzeptieren, und ihn auf der Rückkehr ins Leben intensiv und fordernd begleiten. Was die Physiotherapie für den Fraktur-Patienten ist, dürfen wir als Psychotherapie auch für den Depressiven einfordern, wenn wir als Gesellschaft die Verantwortung für die Kranken auch weiterhin solidarisch tragen wollen.

Die Flucht in die Krankheit ist nie ein tragendes Erfolgsmodell, das weiß auch der Depressive, hat er doch oft lange genug die gesellschaftliche Ausgrenzung in der Depression erfahren. Nein, es ist keine Flucht in das süße Nichtstun, es ist vielmehr die schmerzhafte Vertreibung aus der Welt des sozialen Miteinanders. Der Depressive ist Opfer seiner Krankheit, nicht genießender Täter seines Alleinseins.

33
Materieller Überfluss als Krankheitsauslöser?

HR: Stellen wir uns vor, wir seien in einem wirklich gut sortierten Delikatessengeschäft oder einem Supermarkt – es gibt einfach alles, was Herz und Gaumen begehren: Fisch in vielerlei Variationen, frisch, getrocknet, eingelegt, geräuchert, ebenso Fleisch und Geflügel, dazu eine Riesenauswahl an Fertiggerichten und alle erdenklichen Zutaten für die gute Küche. Jeder von uns kennt eine solche Einkaufssituation. Was ist zu tun? Wir müssen uns irgendwann – spätestens kurz vor Ladenschluss –

entscheiden, was wir in den Einkaufskorb hineinlegen wollen. Entweder wir improvisieren oder wir haben vorab, um nicht unnötig Zeit zu verlieren, eine Liste erstellt, welche Zutaten wir für das geplante Essen benötigen.

Genauso ist es doch auch im Alltag: die permanente Konfrontation mit dem Überangebot, dem Zeitkontingent und den eigenen materiellen Ressourcen. Wir leben in einer Überflussgesellschaft und müssen uns permanent entscheiden, welchen Teil dieses Überflusses an Waren und Informationen wir aufnehmen und welchen wir ausblenden wollen oder müssen. Allerdings hat sich unsere Überflussgesellschaft in den letzten Jahren erheblich verändert: Das Gefälle zwischen Arm und Reich hat sich verschoben, die Arbeitslosigkeit ist hoch und die Überschuldung der privaten Haushalte nimmt dramatisch zu – und damit nimmt die Wahlfreiheit für viele ebenso dramatisch ab. Die Verfügbarkeit des Überflusses ist also plötzlich beschränkt, die beruflichen Chancen sind begrenzt und auch die Perspektiven stellen sich auf vielen Ebenen als bescheiden dar. Wir sind nicht mehr alle Nutznießer des Überflusses, sondern nur noch ein privilegierter Teil der Gesellschaft. Es fällt daher auf, dass es in beiden Lagern, bei den Privilegierten und den Unterprivilegierten, Menschen gibt, die entweder mit der zu großen Wahlfreiheit nicht umgehen können, weil sie alles haben, weil alles verfügbar ist, weil alles irgendwie unüberschaubar konturlos geworden ist, und die andere Gruppe, die sich plötzlich und unerwartet nicht nur von einem zukünftigen Leben im Überfluss, sondern vielmehr auch bei der Existenzsicherung ausgeschlossen fühlt. Das eine nennen wir schnell Jammern auf hohem Niveau, das andere schlicht Existenzangst. Wer aber Menschen kennt, die scheinbar alles haben – materiell! – und dennoch depressiv werden, der weiß, dass es auch diesen Kranken sehr schlecht geht, dass auch sie sich trotz aller finanzieller Ressourcen nicht allein aus der Depression befreien können, dass auch sie genau auf dem Niveau leiden, auf dem jeder andere Depressive leidet. Und ist nicht als Gegenpol die Existenzangst in der unmittelbaren Nachbarschaft von Überfluss und Luxus verständlich, wenn ich selbst das Gefühl haben muss, irgendwann für mich und meine Nächsten nicht mehr sorgen zu können, weil auch in der wirklichen Bedürftigkeit das inzwischen weitmaschige Netz der Sozialhilfe die Existenzsicherung nicht mehr hergibt?

Es ist auch hier die Frage, welchen Grad an Verlustschmerz können, welchen wollen und welchen müssen wir aushalten, um zu überleben. Die Grenzen sind fließend, bei manchen lassen sie sich verschieben, bei anderen schon nicht mehr, weil sie sich bereits im gefährlichen Strudel der Depression befinden. Ja, in der Dekadenz im Überfluss werden wir irgendwann unausweichlich mit der Sinnfrage konfrontiert und viele finden dann nicht schnell genug die richtige Antwort und Alternative – die Folge sind Verzweiflung und schließlich Angst, aber keineswegs immer die Depression. Dasselbe gilt auch für den, der sich berechtigt oder unberechtigt der Existenzangst ausgesetzt sieht. Kann er sich selbstverantwortlich davon befreien, oder kann er es schon nicht mehr. Glücklicherweise sind die diagnostischen Möglichkeiten heute so differenziert, dass Ärzte und Therapeuten zwischen bedrückender Sorge und dem Krankheitsgeschehen Depression sehr fein unterscheiden und damit auch in jeder Situation angemessen helfen können. Und manchmal kann die Verweigerung der Hilfe auch der erste überlebenswichtige Schritt zur Selbsthilfe sein.

34
Sind Menschen in der Depression egozentrisch?

UH: Gerade in schweren Depressionen engt sich die Welt auf die eigenen Ängste, Sorgen und Hoffnungslosigkeit ein und Gefühle verarmen und erstarren. Die Betroffenen sind deswegen kaum in der Lage, sich zu öffnen und mit Freude und Wärme auf andere einzugehen. Mütter erleben in quälender Weise, dass sie ihr eigenes, sonst innig geliebtes Kind nur mehr als eine Belastung und Überforderung erleben und ihm keine liebevollen Gefühle mehr entgegenbringen können. Dies als Ausdruck von Egozentrik zu sehen, ist jedoch recht irreführend. Gerade depressiv Erkrankte sind im gesunden Zustand eher Menschen, die ihre eigenen Wünsche und Ansprüche zurückstellen, sich für andere einsetzen, teilweise auch aufopfern und Verantwortung übernehmen. Ein Ziel der Psychotherapie ist es deswegen oft auch, die eigenen Wünsche besser kennen zu lernen und artikulieren zu können, z.B. auch gelegentlich Wünsche, die an einen herangetragen werden, mit dem Zauberwort »Nein« beantworten zu können. Manchem zu Depressionen neigenden Menschen würde ein »gesunder Egoismus« oder auch ein sanfterer, liebevollerer Umgang mit sich selbst sehr gut tun.

HR: Es gibt unterschiedliche Phasen in der Depression. Keine ist von wirklicher Egozentrik geprägt. Wer von der Krankheit überrascht wird, wer anfangs verstört und ratlos ist und über Monate, manchmal Jahre das Krankheitsgeschehen nicht versteht oder in eine gewisse therapeutische Starre verfällt, in der sich sein Zustand nicht verändert, der mag nach außen den Eindruck einer Ich-Zentriertheit vermitteln, aber weder eine ausgeprägte Egozentrik noch einen verstörenden Egoismus. Dazu fehlen dem Kranken das Ich-Vertrauen und jedwede Ich-Aktivität. Egozentrisch sein bedeutet, stets manipulativ und geradezu schamlos den eigenen Vorteil im Blick zu haben und rücksichtslos gegen andere zu sein. Nein! Davon ist der Depressive weit entfernt. Seine Ich-Zentriertheit ist von Rat- und Hilflosigkeit, von Isolation und der Sehnsucht nach Beistand geprägt, der unbedingten Suche nach Verständnis, nach Erklärung auf der einen und Hilfe und Schutz auf der anderen Seite. Er will nur eines: in seinem Leid nicht allein und verlassen sein. Er will sich endlich selbst verstehen. Daher kreisen seine Gedanken immer wieder angstvoll um dieselben Themen, ohne je eine beruhigende Antwort zu finden. Diese Ich-Fixierung und die Unfähigkeit, sich in der Depression auch auf andere einzulassen, sich ihrer Sorgen anzunehmen und einfach einmal zuzuhören, vermitteln dem Gegenüber den Eindruck eines ausgeprägten Egoismus – nicht aber den der Egozentrik.

Wer sich dagegen in der Krankheit eingerichtet hat und den schützenden Kokon der Bedürftigkeit nicht verlassen will – ein gar nicht so seltenes Verhalten, das aber von einem erfahrenen Therapeuten schnell zu durchschauen ist –, ist keineswegs ein Simulant, vielmehr kann sich der Kranke nach Jahren der Entwöhnung eigener Verantwortung gar nicht mehr vorstellen, wieder ein eigenes und selbstbestimmtes Leben zu führen. Aus dieser Lebensangst heraus wird er alles tun, um den Status quo eines Krankheitszustandes beizubehalten und zu pflegen, der nicht die Gefahr birgt, irgendwann auch wieder selbstverantwortlich sein zu müssen.

In dieser Situation entwickeln depressive Menschen ein großes Maß an Egoismus. Es ist ein bedauernswerter Selbstschutz, der für die Angehörigen oft nur sehr schwer zu ertragen ist, weil sie sich immer wieder manipuliert fühlen und ständigen Vorwürfen ausgesetzt sind. Häufig verweigern diese Kranken jede weitere Therapie, weil sie spüren, dass der Sprung in die Gesundheit nicht allzu groß wäre, aber sie halten dennoch am bewährten Muster des Krankseins fest. Auch wenn ihr Leben in allen Fassetten häufig stark eingeschränkt ist, ist es für sie dennoch lebenswert. Aber eigentlich haben sich diese Kranken längst selbst aufgegeben, sie hängen am Tropf der emotionalen und finanziellen Hilfe anderer. Spüren sie, dass diese Hilfe ausbleiben könnte, drohen sie mit dem Suizid als letztem Mittel der emotionalen Erpressung. Wer als Angehöriger in einer solchen durch ständige Manipulation gekennzeichneten familiären Bindung keine klaren Grenzen setzt, wer es nicht schafft, den Kranken zur Auseinandersetzung mit seinem Zustand zu bewegen, wird ständig unter der Angst des angedrohten Suizids leben und sein eigenes Dasein unnötig einschränken. Der Kranke hat stets eine Verantwortung sich selbst und seinen Mitmenschen gegenüber – auch in der Depression.

35
Stimmt es, dass ein Mensch in der Depression gar nichts mehr tun kann?

DA: Was heißt »gar nichts«? Sicherlich ist es so, dass viele Betroffene selbst das Gefühl haben, sie hätten jegliche Handlungsfähigkeit verloren. Fragt man genau nach, relativiert sich allerdings vieles. Die Routinen des täglichen Lebens sind zwar mühsam, können aber meist doch aufrechterhalten werden: etwa das Bett zu verlassen, sich an den Tisch zu setzen, selbst ein Brot zu machen, zu duschen etc. Wenn Patienten sagen, sie könnten »gar nichts mehr«, meinen sie damit in der Regel, dass sie sich von den »normalen« Anforderungen von Beruf und Familie stark überlastet fühlen. Sie erleben sich selbst dabei als so defizitär, dass sie den Eindruck haben, auf der ganzen Linie zu versagen. Sie schaffen es in keiner Weise mehr, eigenen (und oft auch fremden) Leistungsstandards zu entsprechen. Das heißt allerdings nicht, dass die subjektiv erlebte Unproduktivität ganz der Realität entspricht. Ein Mensch mit Depression kann einiges mehr, als er sich spontan zutraut.

Genau hier setzt die Verhaltenstherapie an. Man muss immer im Einzelfall versuchen, gemeinsam mit dem Patienten herauszufinden, wo genau die Schwelle dessen liegt, was momentan noch möglich ist. Für manche Patienten ist es bereits eine große Leistung, das Bett zu verlassen und die eigene Grundversorgung halbwegs sicherzustellen. Andere dagegen können auch in der Depression sehr viel mehr als das. Hier würde es dann darum gehen, konkret zu überlegen, ob es nicht möglich sei, bewusst Aktivitäten in den Tag einzubauen, die keine Überlastung darstellen. Dabei ist es unerheblich, ob es sich um einen Spaziergang handelt, einen Kinobesuch, ein Telefonat, einen Lebensmitteleinkauf oder anderes. Es geht zunächst einmal darum, den Teufelskreis der Passivität zu durchbrechen. Depressive Menschen haben oft das Gefühl, zunächst müsse sich der entsetzliche Zustand verändert haben, bevor sie sich überhaupt wieder zu etwas in der Lage fühlen. Tatsächlich ist es oft genau umgekehrt: Trotz der Depression und gerade wegen dieser ist es notwendig, aktiv zu werden; Aktivierung und Struktur gehören zu den besten Antidepressiva, die man sich nur denken kann. Natürlich fällt es ungeheuer schwer, sich dazu aufzuraffen, und hier bedarf der Erkrankte oft der Unterstützung durch andere. Ein Teil der Therapie besteht darin, dem Menschen in der Depression zu zeigen, dass er noch immer handlungsfähig ist.

HR: Ich bin versucht, diese Frage spontan mit Ja zu beantworten. Gleichzeitig erinnere ich mich daran, dass ich während der lange andauernden Phase einer schweren Depression zweimal in der Woche mit dem Auto 100 Kilometer zu meinem Therapeuten fahren konnte, ohne dass es mir besonders schwer gefallen wäre. Es war eine Fahrt über Land in schönster Natur, aber ich bin in den vielen Jahren der Therapie nicht ein einziges Mal ausgestiegen, um einen Spaziergang durch die blühenden Rapsfelder oder im Winter durch den verschneiten Wald zu machen – das konnte ich nicht, die 100 Kilometer zurückfahren schon. Auch war ich in der Lage, im Sommer lange Radtouren durch die Berge zu unternehmen, und konnte trotz großer körperlicher Anstrengung fast mühelos die Alpen überqueren, auch wenn die Depression mein ständiger Begleiter war, mal mehr, mal weniger dominant. Ohnehin fiel es mir auf Reisen stets sehr viel leichter, die Alltagsaufgaben zu bestehen, als in der eigenen häuslichen Umgebung, wo ich häufig tatsächlich wie gelähmt war und wirklich gar nichts mehr tun konnte, außer in weiten, immer wiederkehrenden Gedankenschleifen zu grübeln: Was soll nur aus mir werden, wenn ich so krank bleibe?

Im Nachhinein kann ich mir dieses Phänomen erklären und ich habe im Laufe der Jahre erlebt, dass andere Depressive diese Polarität zwischen Können und Nicht-Können ebenso erfahren haben. Dominiert in der Krankheitsphase über lange Zeit die Ziellosigkeit, sind Angst und Hoffnungslosigkeit stets gegenwärtig, und weil sich der Kranke permanent den Spiegel der eigenen Unfähigkeit vorhält, kann er irgendwann tatsächlich nichts mehr tun, weil ihn jede noch so kleine Aktivität der eigenen Schwäche und Inkompetenz überführt. Im vertrauten Lebensumfeld ist dieses Gefühl naturgemäß sehr viel intensiver als in fremder Umgebung, wo es noch eine Vielzahl anderer, unbekannter Eindrücke zu verarbeiten und weniger Konfrontation mit der eigenen krank machenden Lebenssituation gibt. Die Folge ist das häusliche Erstarren in der Passivität, weil das Maß dessen, was der Kranke an Negativerfahrungen verkraften muss, überschritten ist, weitere Erniedrigungen will er nicht mehr zulassen, dann lieber sterben. In dieser Phase der tiefen Depression setzt häufig das Grübeln über den Suizid ein, die klaren Gedanken über die mögliche Form der Selbsttötung eingeschlossen. Die emotionale ebenso wie die intellektuelle Bilanz ist niederschmetternd. Wenn ich ohnehin nichts mehr tun kann, warum dann noch länger leiden? Nichts mehr tun können ist also keine willentliche Verweigerung, sondern eines der besonders eindeutigen Wesensmerkmale der Depression.

Wird der Kranke aber in einer verantwortungsvollen Therapie ganz gezielt mit den Möglichkeiten seiner – wenn auch temporär eingeschränkten – Kompetenz konfrontiert und dabei medikamentös unterstützt, dann lassen sich auch wieder bisher ungeahnte Kräfte mobilisieren, die ihn ins Leben zurückführen können. Es gilt, den Schutzschild der passiven Starre zu durchbrechen. Es gilt aber auch, dem Kranken Wege zu eröffnen, die eigenen Lebensillusionen zu überwinden. Er muss lernen, mit Misserfolgen umzugehen, ohne sofort das eigene Leben wieder gänzlich in Frage zu stellen. Er muss lernen, sich selbst auszuhalten, seine Beschränktheit zu akzeptieren – so wie es der Gesunde auch tut –, um dann irgendwann, befreit von den lähmenden Illusionen, die eigenen Kapazitäten auszuloten. Erst jenseits dieser Schwelle wird sich ein wirklich eigenes Ich formen. Und das kann nicht nur sehr attraktiv, es kann auch äußerst produktiv sein. Kurz: Das »Nichts-tun-Können« ist die entscheidende Botschaft für den Kranken, seine Angehörigen und den Therapeuten gleichermaßen: Hier ist ein Mensch in großer Not, er ist lebensbedrohlich krank und bedarf unbedingt der kompetenten Hilfe.

36
Warum fehlt dem Depressiven der Mut, Fehler zu machen?

HR: Niemand macht gern Fehler, das beginnt im Kindergarten, setzt sich in der Schule fort (Noten!) und endet eigentlich nie. Wirklich fehlerfrei ist natürlich niemand, es wäre auch nicht wünschenswert, denn Fehler sind die Kerben in der eigenen Biografie, sie bilden in der Summe aus Erfolgen und Misserfolgen, so genannten Fehlern, unseren täglich wachsenden Erfahrungsschatz. Aber Fehler schmerzen auch, sie halten uns den Spiegel der eigenen Inkompetenz vor. Wenn wir über genügend Selbstvertrauen verfügen, lernen wir irgendwann, dass Fehler unvermeidlich sind und wie wir biografisch mit ihnen umzugehen haben. Als ich selbst vor einigen Jahren einen für mich finanziell folgenschweren Fehler gemacht hatte, tröstete mich ein erfahrener älterer Freund mit den Worten: »Wer viel macht, der macht auch schon mal Fehler.« Für ihn war das Eingeständnis, Fehler zu machen, Zeichen von entschlossener Aktivität und Lebenselan. Ich dagegen hatte verinnerlicht, dass »man« keine Fehler zu machen hat und erst dann handelt, wenn nicht die geringste Aussicht besteht, einen solchen zu machen.

Im Nachhinein weiß ich, dass mich nicht nur die Depression viele Jahre meines Lebens gekostet hat, sondern ich mich auch selbst durch eine akribische Fehlervermeidungsstrategie behindert habe, entschlossen zu leben und damit auch Erfahrungen zu sammeln. Kurz: Wer depressiv ist, dessen Selbstvertrauen ist fragil, und jeder realisierte Fehler steht für die eigene Inkompetenz, das Versagen und die immer geringer werdenden Chancen für einen Weg zurück zur Lebensnormalität. Zögerlichkeit, Unsicherheit vor Entscheidungen und übertriebene Zweifel sind daher wichtige Anzeichen für eine depressive Verfassung – und nicht für eine deprimierende. Fehlervermeidung hat dieselben dramatischen Auswirkungen für den Depressiven wie das geradezu zwanghafte Einlassen auf den Strudel grüblerischer Gedanken mit dem Ziel, das »Warum bin ich krank?« klären zu müssen. Fehler vermeiden wollen heißt, das Leben zu meiden. Nur wer es schafft, sich in harter therapeutischer Arbeit dem Grübeln und der Selbstzweifel zu entziehen, kann sich irgendwann auch von der Depression befreien. Dasselbe gilt für den Lebensmut, auch einmal einen Fehler zu riskieren. Wer übervorsichtig Fehler wo auch immer zu vermeiden sucht, ist noch tief in die Depression verstrickt.

Blicken wir dagegen ganz unvoreingenommen auf die hinter uns liegende Lebenszeit zurück, dann waren die eigenen Fehler häufig die entscheidenden Marken für unseren Lebensweg. Ich selbst habe viel zu lange viel zu wenig Fehler gemacht und damit auch viel im Leben verpasst. Das lässt sich nicht mehr korrigieren, aber immer wenn ich wieder einmal übervorsichtig an ein Problem herangehe, dann weiß ich heute, was eine solche Reaktion bedeutet: Ich werde mit der Versuchung Depression konfrontiert und wehre mich entsprechend. Mut zum Fehler, Mut zur Erfahrung, Mut zum Leben ist dann das Motto. Damit verbunden ist der Entschluss, eine solche Stresssituation zu meistern, die für den Depressiven ein Höchstmaß an Bedrohung darstellt. Wir unterscheiden ja nicht nur zwischen positivem und negativem Stress – beide sind leistungsbezogen –, sondern auch zwischen diffusem seelischem Stress und tatsächlicher seelischer Belastung. Wer depressiv ist, muss keineswegs jedwede Form von Stress als belastend und bedrohend empfinden, vielmehr reagiert er auf die Stressfaktoren besonders empfindlich, die sich unmittelbar aus seiner Erkrankung ableiten lassen. Gesunde Menschen können gerade diese Formen der seelischen Stressbelastung besonders schwer verstehen, weil sie so wenig mit Leistung, Beanspruchung oder einem enervierenden Multitasking zu tun haben. Seelischer Stress ist weder quantifizierbar noch qualifizierbar, er ist individuell und Teil der Krankheit. Wie bedrückend er erlebt wird, zeigt sich in dem tiefen Leid und der Verzweiflung des Betroffenen – seelischen Stress sollten wir daher nicht bagatellisieren.

37

Kann der Depressive noch für sich verantwortlich zeichnen?

UH: Von leichten Depressionen, die an der Grenze zu normalpsychologischen Stimmungstiefs liegen, bis zu schwersten, auch wahnhaften Depressionen ist eine sehr weite Spanne Liegt eine leichtere Depression vor, so ist es oft sinnvoll, auch an die Eigenverantwortung und Eigeninitiative des Betroffenen zu appellieren. Bei Menschen mit schwerer Depression wäre dies kontraproduktiv und gefährlich, da dies den immensen Druck, unter dem diese Menschen sowieso stehen, noch erhöhen und die Verzweiflung verstärken würde. Bei sehr schweren Depressionen wird das Erleben und Denken in einer so fundamentalen Weise verzerrt, dass ein selbstbestimmtes Entscheiden nicht mehr möglich ist. Die dunkle Brille der Depression führt zu tief sitzender Hoffnungslosigkeit und pessimistischen Zukunftsperspektiven, unabhängig davon, wie sorgenfrei oder problembeladen die gegenwärtige Lebenssituation aus der Sicht der Außenstehenden sein mag. Eine Regel sollte deshalb sein, in der depressiven Episode keine weitreichenden persönlichen oder beruflichen Entscheidungen zu treffen. Im gesunden Zustand ist den Betroffenen oft nicht mehr nachvollziehbar, was sie in der Depression gefühlt und gedacht haben.

Bei sehr schweren Depressionen kann es nötig sein, den Betroffenen vor tragischen Fehlentscheidungen zu schützen, manchmal sogar auch gegen seinen Willen.

38

Will der Depressive seine Umgebung manipulieren?

HR: Hierzu bedarf es auch derer, die sich manipulieren lassen. Von außen betrachtet, scheint tatsächlich so mancher Kranke seine Umgebung sowohl ganz offen als auch verdeckt zu manipulieren, um die Aufmerksamkeit zu erfahren, derer er ganz offensichtlich bedarf. Manipulation ist also für den Kranken eine Form der Kommunikation, mit der er sich neben der eigenen Hilflosigkeit dennoch Gehör und Einfluss zu verschaffen sucht – bis zur ganz offensichtlichen Erpressung: »Ich bringe mich um, wenn du mich jetzt allein lässt!«

Lebenspartner und Angehörige schaffen es häufig nicht, sich dieser Manipulation zu entziehen, weil sie nicht rechtzeitig die Grenzen abgesteckt haben, wieweit der Angehörige Unterstützung in der Krankheit bieten kann und will, und wann der Arzt oder Therapeut gefragt ist. Der Kranke muss sich gefallen lassen, dass er das Gegenüber nicht überstrapazieren und in seinem Lebensrecht nicht zu sehr einschränken darf. Die Grenzen sind fließend, und die Toleranzschwelle jedes Menschen ist unterschiedlich, aber in dem Augenblick, da das Gegenüber das Gefühl verspürt, manipuliert werden zu sollen, darf es sich wehren. Klarheit in der Haltung versteht der Depressive, ein wortloses sich Entziehen kann ihn dagegen verzweifeln lassen, weil er nicht über andere Waffen als die der Manipulation zu verfügen glaubt. Auch wenn eine solche Auseinandersetzung mit einem Menschen, der unter Depressionen leidet, schwierig und unangenehm ist, so ist sie doch unerlässlich zur Wahrung der Würde des Kranken ebenso wie der des Gegenübers.

DA: Manipulation ist ein großes Wort. Es hat immer den Beigeschmack des Betrügens, der bewussten Täuschung anderer zur Durchsetzung eigener Ziele. Firmenbilanzen werden mitunter manipuliert oder auch – wie man immer wieder liest – Forschungsergebnisse, um den eigenen Ruhm ein wenig schneller zu mehren. In diesem Sinne kann eindeutig festgestellt werden: Der Depressive manipuliert nicht seine Umgebung. Ihm liegt nichts daran, andere zu täuschen, er ist kein Betrüger und trachtet nicht danach, seinen eigenen Vorteil zu mehren zu Lasten der Interessen anderer Menschen.

Im Kontext psychischer Störungen wird der Begriff »manipulativ« häufig etwas anders gebraucht als in der Umgangssprache. Von Manipulation ist dann die Rede, wenn ein Mensch einen anderen Menschen zu etwas bringen möchte, ohne wirklich offen seine eigenen Motive zu zeigen. In diesem Sinne wäre es beispielsweise manipulativ, wenn jemand sagt: »Ach bitte, geh nur und lass mich allein«, heimlich würde er aber hoffen, dass der andere bliebe. Wenn also der unterschwellige Wunsch mitspielt, den anderen doch – trotz gegenteiliger Aussage – zu halten, ihn dazu zu bringen, dass er doch nicht fortgeht, ohne dies aber offen anzusprechen. Denkbar, dass der andere die heimliche Bitte erhört, dableibt und dann – nach einem missratenen Abend – den Vorwurf hört »Ich hatte doch gesagt, lass mich allein!«. In diesem Sinne kann es tatsächlich sein, dass Menschen mit Depression manchmal auch manipulativ sind. Allerdings zeigt sich solch ein kommunikatives Verhalten oft auch ohne das Vorliegen einer Depression und ist somit keineswegs typisch für die Erkrankung. Es fehlt einfach an Übereinstimmung von Wort und Tat, an Konsistenz von Inhalt und Ausdruck. Was dann daraus entsteht, nennt man in der Fachsprache oft auch Doublebind: »Wasch mir den Pelz, aber mach mich nicht nass.« Kommt dies im Rahmen der Interaktion mit depressiv erkrankten Menschen vor, so kann dies eine besonders quälende Dynamik für beide Seiten entwickeln. Der Angehörige, der versucht, alles nur gut und richtig zu machen, findet sich oft in einer sehr unbehaglichen Situation wieder: Egal, was er macht, es ist falsch. Der Kranke reagiert gereizt (»Ich habe dir doch gesagt, dass du mich in Ruhe lassen sollst«), er weist zurück und sucht doch Unterstützung und Nähe. In der Depression fehlt oft einfach die Möglichkeit, sich anders auszudrücken. Der Depressive quält häufig sich selbst; dass er andere mit bewusster Absicht quält, habe ich nie erlebt; trotzdem ist es manchmal schwer, ihn auszuhalten.

39
Sind antiautoritär erzogene Kinder in ihrer »Grenzenlosigkeit« prädestiniert, depressiv zu werden?

DA: Natürlich ist schon allein die Fragestellung polemisch und zeigt ein Unbehagen bezüglich der Grundidee antiautoritärer Erziehung. Um es vorwegzunehmen: Wissenschaftlich genaue Antworten auf diese Frage gibt es nicht. Antiautoritäre Erziehung basiert auf einem pädagogischen Konzept, das sich als radikale Kritik an herkömmlichen Erziehungspraktiken verstand. Jeglichen Zwang und Unterdrückung kindlicher Wünsche durch Erwachsene galt es zu vermeiden. Stattdessen sollte das Kind sich frei entwickeln und Grenzen selbstbestimmt definieren.

Egal, wie sinnvoll oder zweifelhaft die zugrunde liegende Idee der antiautoritären Erziehung sein mag, so scheint doch vor allem die Auswirkung ihrer Philosophie auf das Erziehungsverhalten der Eltern in den Siebzigerjahren, aber auch darüber hinaus unübersehbar. Antiautoritär bedeutete in sehr vielen Fällen eben einfach chaotisch, ohne klare Struktur, ohne Grenzsetzung, ohne transparente Regeln, aber auch ohne die Sicherheit der elterlichen »Autorität«. Alles ist scheinbar gleichberechtigt und die Hierarchien sind nivelliert. Die Wünsche des Kindes sind a priori natürlich genauso wichtig wie die der Eltern. Aber ist es wirklich hilfreich und notwendig, alles ergebnisoffen zu verhandeln?

Mir scheint es, dass antiautoritär erzogene Kinder bei der Entwicklung eigener Identität und der Suche ihrer Rolle im Leben mitunter auf unerwartete Schwierigkeiten stoßen. Die fehlende Struktur, die vom Kind erlebte Beliebigkeit eigenen Verhaltens und der Mangel an erfahrbaren positiven oder negativen Konsequenzen eigenen Handelns führen leider häufig nicht zu einer starken Persönlichkeit. Im Gegenteil: Gerade die Vermischung der Eltern- und Kindebene, bei der viele Grenzen und Tabus zu fallen drohen, sorgt langfristig für Verunsicherung. Die Erfahrung einer Grenze, so unangenehm und frustrierend dies zunächst auch sein mag, scheint dagegen oft ein wesentliches Merkmal zur eigenen Standortbestimmung zu sein. Insofern ist ein »grenzenloses Ich« ein allzu diffuses, das immer auf der Suche nach sich selbst bleibt aus Mangel an klärender Resonanz. Antiautoritäre Erziehung ist sicherlich kein Garant dafür, dass Kinder eine glücklichere Entwicklung nehmen. Ob es sie auf das Leben in unserer Gesellschaft gut vorbereitet? Vor dem Hintergrund, dass depressive Erkrankungen zumindest bei einem Teil der Erkrankten mit starken Selbstwertdefiziten einhergehen, scheint die Frage berechtigt, ob diese Erziehungsform, statt glücklich und frei zu machen, nicht eher die Grundlage für eine depressive Entwicklung legen kann. Manches spricht für diese Hypothese, aber wir wissen es nicht wirklich. Das Kind, dem die von außen gesetzte Grenzerfahrung, die Notwendigkeit von Regeln, deren Einhaltung und das Erleben von Frustration vorenthalten werden, könnte allzu leicht ohne echte innere Substanz bleiben. Es gehört zu den Mythen der Siebzigerjahre, dass die uneingeschränkte Freiheit, alles zu tun, worauf man gerade Lust hat, zu irgendeiner Form von Glück oder gar Weisheit führen würde. Betrachtet man die Biografien von Menschen mit gestörtem Selbstwert, so finden sich manchmal sehr ablehnende Bezugspersonen in der frühen Kindheit. Genauso häufig scheint aber auch das Gegenteil der Fall zu sein: das Kind als über die Maßen verwöhnter Mittelpunkt, Quell allen Glücks und heimlicher Herrscher des Hauses. Nicht nur eine kühle Distanziertheit scheint für den Selbstwert destabilisierend zu sein; gleiches könnte auch für die überstimulierende Distanzlosigkeit ins Kind verliebter Eltern gelten.

MEDIKAMENTÖSE BEHANDLUNG

40
Welche Medikamente gibt es?

UH: Für die Behandlung von Depressionen steht ein ganzes Bündel an Medikamenten aus der Gruppe der Antidepressiva zur Verfügung. Diese Medikamentengruppe unterscheidet sich von Beruhigungs- und Schlafmitteln, z.B. Valium-ähnliche Mittel, die ihre angstlösende und entspannende bzw. schlafinduzierende Wirkung sehr rasch entfalten und bei längerem Gebrauch zu Abhängigkeit führen können. Sie unterscheiden sich auch von der Gruppe der so genannten Neuroleptika, die zur Behandlung schizophrener Erkrankungen eingesetzt werden. Innerhalb der Gruppe der Antidepressiva wiederum gibt es einen ganzen Strauß unterschiedlicher Antidepressiva und Antidepressivagruppen.

Diese unterscheiden sich weniger in ihrer generellen Wirksamkeit als in ihren Wirkmechanismen, ihren Nebenwirkungen und ihren Risiken.

41
Was sind die wichtigsten Substanzen?

UH: Eine große Antidepressivagruppe ist die der *trizyklischen Antidepressiva (TZA)*. Hierzu zählen zahlreiche Wirkstoffe, die wiederum unter verschiedenen Markennamen verkauft werden (z.B. Wirkstoff Amitriptylin, Präparat z.B. Saroten, oder Wirkstoff Clomipramin, Präparat z.B. Anafranil). Vertreter dieser Gruppe zählen zu den ersten verfügbaren Antidepressiva, so dass sie oft auch als »ältere« Antidepressiva bezeichnet werden.

Eine zweite Gruppe ist die der *selektiven Serotonin-Wiederaufnahmehemmer (SSRI* = selective serotonin reuptake inhibitors). Hierzu zählen sechs unterschiedliche Wirkstoffe, die jedoch ebenfalls unter einer großen Zahl verschiedener Präparate vermarktet werden. Citalopram wird u.a. als Cipramil vermarktet, Escitalopram als Cipralex, Fluoxetin z.B. als Fluctin, Fluvoxamin z.B. als Fevarin, Paroxetin z.B. als Tagonis und Sertralin u.a. als Zoloft.

Venlafaxin (Trevilor) und *Duloxetin* (Cymbalta) sind zwei Wirkstoffe, die von ihrem Wirkansatz her die neuere Gruppe der *selektiven Serotonin- und Noradrenalin-Wiederaufnahmehemmer (SSNRI)* bilden.

Weiter zu nennen sind *Remergil* (Mirtazapin) und der selektive Noradrenalin-Wiederaufnahmehemmer *Reboxetin* (Edronax/Solvex, *SNRI*), die jeweils eigenständige Wirkansätze haben.

Eine weitere eigenständige Antidepressivagruppe stellen die *Monaminoxidase-Hemmer* (MAO-Hemmer) dar, die in Deutschland durch zwei Substanzen, das *Tranylcypromin* (Jatrosom) und das *Moclobemid* (Aurorix), vertreten sind.

Weiter zu nennen sind *Johanniskraut*-Präparate. Nur für einige der hochdosierten Präparate liegen jedoch Wirksamkeitsbelege vor, und dies eher bei mittelschweren als schweren Depressionen.

Beruhigungsmittel, die häufig dem *Valium* in ihrem Wirkansatz ähneln, sind für sich genommen keine Antidepressiva. Sie können jedoch zu Beginn einer Behandlung bei einem Patienten mit schwerer Depression hilfreich sein, da sie Ängste und innere Spannungen dämpfen und so die Zeit, bis das eigentliche Antidepressivum seine volle Wirkung entfaltet, überbrücken können. Eine über viele Wochen gehende Behandlung ist jedoch nur in Ausnahmefällen zu vertreten, wegen der Gefahr einer Abhängigkeitsentwicklung.

Medikamente aus der Gruppe der *Neuroleptika* werden manchmal auch zur Dämpfung von Ängsten und innerer Unruhe im Rahmen einer Depressionsbehandlung eingesetzt, oft mit einem vergleichbaren Ziel wie die Valium-ähnlichen Beruhigungsmittel. Neuroleptika haben jedoch den Vorteil, dass sie nicht zu einer Abhängigkeit führen, jedoch den Nachteil, dass bei den meisten Patienten motorische Nebenwirkungen auftreten können. Weiter werden Medikamente aus der Gruppe der Neuroleptika zur Behandlung von Patienten mit wahnhaften Depressionen mit Antidepressiva kombiniert.

Eine andere, aus verschiedenen Substanzen mit unterschiedlichsten Wirkansätzen bestehende Gruppe ist die der so genannten *Stimmungsstabilisierer* (mood stabilizer). Bei Menschen mit unipolaren Depressionen werden diese Medikamente vereinzelt eingesetzt, um das Wiederauftreten depressiver Episoden zu verhindern, d.h. zur rückfallverhütenden Langzeitbehandlung. Meist werden Stimmungsstabilisierer jedoch zur Rückfallverhütung bei Patienten mit bipolaren affektiven Erkrankungen eingesetzt. Zu dieser Gruppe der Stimmungsstabilisierer zählen so unterschiedliche Medikamente wie Lithium und die üblicherweise in der Epilepsiebehandlung eingesetzten Medikamente Carbamazepin, Lamotrigin und Valproinsäure.

42
Über welchen Mechanismus wirken die Antidepressiva?

UH: Alle zurzeit verfügbaren Antidepressiva wirken auf die Botenstoffe Serotonin und/oder Noradrenalin im Gehirn ein. Diese Botenstoffe regulieren im Zusammenspiel mit über 100 weiteren Botenstoffen die Aktivität der Nervenzellen und modulieren auf eine komplexe und bisher im Detail nicht verstandene Weise unser Erleben und Verhalten. Diesen Zusammenhang zwischen Botenstoffen einerseits und Erleben und Verhalten andererseits kann jeder, der zwei Gläser Wein trinkt, an sich selbst beobachten. Der Alkohol beeinflusst die Botenstoffe im Gehirn und damit unser Verhalten und Erleben. Selbstverständlich können die Botenstoffe auch krankheitsbedingt ins Ungleichgewicht geraten und so das veränderte Erleben und Verhalten z.B. im Rahmen einer Depression erklären. Durch Antidepressiva wird die Wirkung der Botenstoffe Serotonin und Noradrenalin über verschiedene Mechanismen verstärkt. Diese Botenstoffe werden von einer Nervenzelle freigesetzt und beeinflussen die Aktivität anderer, benachbarter Nervenzellen, indem sie an speziellen Vorrichtungen dieser Zellen, den Rezeptoren, andocken und so eine Fülle von Folgeprozessen auslösen. Diese Botenstoffe werden jedoch auch rasch wieder aus ihrem Wirkort entfernt, indem sie wie mit einem Staubsauger in die Nervenzelle zurücktransportiert werden, die sie freigesetzt hat. Die Antidepressiva aus der Gruppe der trizyklischen Antidepressiva (TZA), der SSRI, SSNRI, SNRI und z.T. auch das Johanniskraut entfalten ihre Wirkung, indem sie genau diesen Prozess der Rückaufnahme blockieren. Die TZA beeinflussen noch eine Reihe weiterer Botenstoffe, deren Rezeptoren sie blockieren. Diese zusätzliche Wirkung erklärt eine Reihe der TZA-Nebenwirkungen. Die SSRI, SSNRI und SNRI tun das nicht oder weniger, weshalb sie auch als selektiv bezeichnet werden.

Durch Mirtazapin werden direkt Rezeptoren für Serotonin und die Aktivität von Serotonin freisetzenden Nervenzellen beeinflusst.

Die MAO-Hemmer wiederum blockieren den Abbau von Serotonin und Noradrenalin in der Nervenzelle, die diese Stoffe produziert, so dass mehr dieser Botenstoffe zur Verfügung stehen.

Die Beeinflussung der Verfügbarkeit von Serotonin oder Noradrenalin ist jedoch nur der erste Schritt und erklärt für sich genommen noch nicht, wie Antidepressiva wirken. Durch das Serotonin werden eine große Zahl unterschiedlicher Rezeptoren beeinflusst und dies je nach Hirnregion in unterschiedlicher Weise.

Über diese Rezeptoren wiederum verursachen Serotonin und Noradrenalin je nach Rezeptortyp unterschiedliche Kaskaden an Folgeprozessen. So wird die Produktion von Nervenwachstumsfaktoren angeregt, wodurch es zur Ausbildung neuer Verzweigungen der Nervenfasern und neuer Synapsen und in bestimmten Hirnbereichen, dem Hippocampus, sogar zur Neubildung von Neuronen kommt. Dies hat zu der Hypothese geführt, dass durch Antidepressiva die Plastizität des Gehirns, d.h. seine Anpassungsfähigkeit an neue Anforderungen, erhöht wird. Über diesen Weg wird nach dieser Hypothese die Depression zum Abklingen gebracht. Da diese Neubildung und Reifung neuer Nervenzellen und das Aussprossen neuer Verbindungen Zeit braucht, könnte dies die Wirklatenz der Antidepressiva erklären. Dieser Erklärungsansatz ist jedoch bisher noch sehr hypothetisch und kann nicht erklären, warum allein durch einen Schlafentzug die Depression vorübergehend zum Abklingen gebracht werden kann.

Diese erschlagende Komplexität des Nervensystems erklärt, warum nach wie vor der genaue antidepressive Wirkmechanismus dieser Medikamente nicht verstanden ist. Dass wir nicht genau wissen, wie ein Medikament wirkt, hindert uns jedoch nicht daran, es erfolgreich einzusetzen. Für andere Erkrankungen haben wir bereits genauere Erklärungsmodelle. Beim Morbus Parkinson (Schüttellähmung) z.B. kann die Störung recht genau beschrieben werden: Es fehlt in bestimmten Hirnarealen, die für die Flüssigkeit von Bewegungsabläufen zuständig sind, der Botenstoff Dopamin, und die Parkinsonmedikamente versuchen, dieses Defizit auszugleichen. Auch bei der Alzheimer'schen Erkrankung wissen wir seit einigen Jahren einiges über die Prozesse, die zum Untergang von Nervenzellen in bestimmten Hirnarealen und damit zu den Gedächtnisstörungen und anderen Krankheitszeichen führen. Hier spielt der Botenstoff Acetylcholin eine wichtige Rolle. Schritt für Schritt wird in den nächsten Jahren auch das Verständnis der Erkrankungsmechanismen bei Depressionen und der Wirkmechanismen der Antidepressiva weiter wachsen, so dass wir auf noch gezieltere Behandlungsmöglichkeiten hoffen können.

43
Sind die Wirkungen von Antidepressiva inhaltlich und zeitlich vorhersagbar?

UH: Anders als Schmerz- oder Schlafmittel wirken alle Antidepressiva nicht sofort, sondern entfalten ihre volle Wirksamkeit erst nach zwei bis vier Wochen. Warum das so ist, ist eine interessante Frage. Im Prinzip könnte eine Depression auch sehr rasch, d.h. innerhalb einer oder weniger Stunden abklingen. Dies zeigt z.B. die Wirkung des Schlafentzugs, die ja sofort eintritt. Warum dann die Wirklatenz von zwei Wochen bei Antidepressiva? Vermutet wird, dass durch die Antidepressiva Umbauvorgänge in den Nervenzellen eingeleitet werden, die diese Zeit benötigen. Möglich ist auch, dass andere Anpassungsvorgänge wie die Veränderung der Zahl und Empfindlichkeit der

Rezeptoren, die einige Zeit benötigen, hierfür verantwortlich sind. In jedem Fall erfordert diese Wirklatenz von unseren Patienten große Geduld, da bereits jeder einzelne Tag für einen depressiv Erkrankten ein großer unüberwindbarer Berg sein kann.

Viele der Nebenwirkungen zeigen leider nicht diese Wirklatenz. Im Gegenteil: Oft sind diese gerade in den ersten Tagen der Behandlung am stärksten. So kann es unter den selektiven Serotonin-Wiederaufnahmehemmern (SSRI) in den ersten Tagen zu Übelkeit kommen, die dann nach einigen Tagen jedoch meist vollständig abklingt.

Interessanterweise ist die eigentliche antidepressive Wirkung oft für Außenstehende frühzeitiger als für den Betroffenen selbst zu spüren. So bemerken die Angehörigen, dass der Betroffene wieder lebhafter wird, sich mehr an Gesprächen beteiligt, vielleicht erste Andeutungen eines Lächelns zeigt, während der Betroffene selbst zunächst noch über keine Aufhellung berichten kann. Erst nach ein oder zwei Tagen bestätigt dann oft auch der Kranke, dass es endlich wieder aufwärts geht.

Vorherzusagen, wie sich die antidepressive Wirkung der Medikamente beim einzelnen Patienten entfaltet, ist nur schwer möglich, da nicht jedes Antidepressivum bei jedem Patienten wirkt. Manche Patienten sprechen auf das zuerst verschriebene Antidepressivum auch nach zwei Wochen in keiner Weise an oder vertragen das Antidepressivum nicht. Dann muss ein neuer Anlauf mit einem anderen Antidepressivum mit einem anderen Wirkansatz gemacht werden, also z.B. von einem SSRI auf ein SSNRI umgestellt werden oder von einem SSNRI auf Mirtazapin. Leider wissen wir nicht, welcher Patient auf welches Antidepressivum anspricht, so dass man hier auf gut Glück starten muss.

44
Gibt es Standards der Behandlung – wie in der Chirurgie?

UH: Wie depressiv Erkrankte versorgt werden, kann von Praxis zu Praxis sehr unterschiedlich sein. Der eine Hausarzt behandelt depressiv Erkrankte mit Antidepressiva, der andere überweist zum Facharzt, wieder ein anderer präferiert Psychotherapie durch psychologische Psychotherapeuten. Von diesen bevorzugen manche Verhaltenstherapie, andere psychoanalytisch fundierte Verfahren und einige Hausärzte scheinen die Diagnose Depression kaum zu stellen. Für den depressiv Erkrankten entscheidet dann oft der Zufall, welche Behandlung er erhält. Gibt es »mehrere Köche«, die unterschiedliche, oft auch widersprüchliche Empfehlungen äußern, ist Verwirrung, Verzweiflung und Entmutigung die Folge.

Diese teilweise chaotische Versorgungsrealität war in hohem Maße interessengeleitet. Eine große Gruppe, die mit beträchtlichen Finanzmitteln versucht, Einfluss zu nehmen, ist die Pharmaindustrie, die am Verkauf ihrer Produkte interessiert ist. Jedoch auch die Kassen haben Interessen, z.B. dass möglichst billige Behandlungen empfohlen werden. Psychotherapeuten wünschen sich, dass mehr Psychotherapie und weniger Pharmakotherapie empfohlen wird, Hausärzte, dass ihre Rolle in der Behandlung von Depressionen gestärkt und die des Facharztes nicht aufgewertet wird. Um diesem Missstand entgegenzuwirken, gibt es in den letzten Jahren beträchtliche Anstrengungen, um von einer »Interessen- oder Autoritäts-basierten Medizin« zu einer Evidenz-basierten Medizin zu kommen.

Für die Versorgung und die Pharmakotherapie der Depression sind detaillierte Empfehlungen und Leitlinien entwickelt worden. Die Entwicklung dieser Leitlinien ist zu einem sehr aufwendigen, formalisierten Prozess geworden, an dem unterschiedlichste Experten und Berufsverbände mitwirken. Versucht wird, die Empfehlungen auf der Basis des aktuell verfügbaren Wissens zu entwickeln. Dazu gehört, dass systematisch alle wichtigen Behandlungsstudien, aber auch Studien zur Sicherheit und Verträglichkeit eines Antidepressivums berücksichtigt und ausgewertet werden. Zu den einzelnen Empfehlungen wird dann jeweils angegeben, wie überzeugend sie durch Studien abgesichert sind. Dies ist nicht immer einfach. Nicht für jede Behandlungssituation können Empfehlungen basierend auf harten Wirksamkeitsbelegen ausgesprochen werden, da gute Behandlungsstudien fehlen. Oft gibt es nur erste Hinweise oder widersprüchliche Studienergebnisse. Auch können viele der in derartigen Untersuchungen gewonnenen Ergebnisse sich nicht so ohne weiteres auf den Versorgungsalltag, d.h. auf die Situation z.B. in der hausärztlichen Praxis übertragen lassen. Zu bedenken ist beispielsweise, dass in die meisten Studien nur Patienten mit eindeutigen Depressionen und ohne wesentliche andere Erkrankungen und Medikationen eingeschlossen werden, d.h. nur eine hochselektierte Gruppe untersucht wurde. Die Mehrzahl der Patienten beim Hausarzt hat jedoch mehrere Diagnosen gleichzeitig, z.B. Depression und Angststörung oder verschiedene nicht-psychiatrische Begleiterkrankungen, und nimmt mehrere Medikamente. Vielleicht müsste unter diesen Bedingungen des Versorgungsalltags der Nutzen einer Behandlung ganz anders eingeschätzt werden. All dies zu berücksichtigen und möglichst transparent zu machen und im Zweifelsfall dem Behandlungsverfahren mit den besten Wirksamkeitsbelegen und der besten Nutzen-Risiko-Relation den Vorzug zu geben, ist jedoch ein nicht unvernünftiger Grundgedanke der Evidenzbasierten Medizin.

Durch diese »Leitlinienkultur« konnte der Einfluss unterschiedlichster Interessengruppen oder »Autoritäten« auf Behandlungsempfehlungen zumindest teilweise in Grenzen gehalten werden. Die Aufgabe der nächsten Jahre wird sein, nicht nur derartige Leitlinien zu entwickeln, sondern auch darauf zu achten, dass diese nicht nur auf dem Papier stehen, sondern in der täglichen Arbeit berücksichtigt werden.

Die Position des Patienten als Experte in eigener Sache wird durch diese Entwicklung gestärkt. Dieses Buch und auch andere neuere Patientenratgeber orientieren sich an diesen Leitlinien, und der Patient hat so eine Grundlage für das Gespräch mit seinem Behandler. Weicht dieser von diesen Leitlinien ab, wofür es gute Gründe geben kann, so kann ihn der Patient nach dem Warum fragen.

In den Empfehlungen und Leitlinien zur Pharmakotherapie der Depression wird auch zur Behandlungsdauer Stellung genommen. Hier gilt, dass zunächst im Rahmen der Akuttherapie ein Abklingen der depressiven Episode angestrebt wird. Ist dies erreicht, folgt die Erhaltungstherapie über etwa sechs Monate. Das wirksame Antidepressivum wird in unveränderter Dosierung weiter gegeben, um einen raschen Rückfall in die Depression zu vermeiden. Dies ist plausibel. Auch das Insulin würde man nicht gleich wieder absetzen, sobald sich unter dem Insulin der Blutzucker normalisiert hat. Nach diesen sechs Monaten stellt sich die Frage, ob das Antidepressivum langsam, über einige Wochen hinweg, ausgeschlichen werden soll oder eine über Jahre gehende rückfallverhütende Medikation, durch die das Risiko des Wiederauftretens neuer depressiver Episoden minimiert werden kann, zu empfehlen ist. Dies ist eine sehr wichtige Frage. Jeder Patient sollte sie detailliert mit seinem behandelnden Arzt, am besten einem Facharzt für Neurologie und Psychiatrie bzw. einem Nervenarzt, besprechen. In die Entscheidung fließt vor allem das Rückfallrisiko ein. Hat ein Patient bereits mehrere depressive Episoden erlitten, so ist das Risiko, in naher Zukunft erneut zu erkranken, sehr hoch und eine Rückfallverhütung macht Sinn. Hierfür spricht auch, wenn diese Episoden schwer, lang anhaltend und schwer behandelbar waren oder mit massiver Suizidalität einhergingen. In die Entscheidung fließt auch ein, wie gut die Medikation vertragen wird. Nach sorgfältiger Information des Patienten wird bei der Behandlungsempfehlung dessen persönliche Präferenz zu berücksichtigen sein. Festzuhalten ist, dass durch eine lang andauernde rückfallverhütende Behandlung das Risiko des Wiederauftretens depressiver Episoden um 50 bis 70 Prozent gesenkt wird.

45
Welches Antidepressivum ist für mich das beste?

UH: Die zahlreichen zugelassenen Antidepressiva unterscheiden sich untereinander kaum in ihrer generellen antidepressiven Wirksamkeit. Dies heißt aber nicht, dass jedes Antidepressivum bei jedem Patienten wirkt, sondern die optimale Medikation für einen bestimmten Patienten muss nicht selten erst über mehrere Anläufe gefunden werden.

Mit welchem Medikament sollte man nun beginnen? Das hängt von folgenden Punkten ab:

- NEBENWIRKUNGSPROFIL: Besteht z.B. bereits Übergewicht, so wird man Antidepressiva vermeiden, die als bekannte Nebenwirkung eine Gewichtszunahme haben, oder besteht eine innere Unruhe, so kann es sinnvoll sein, ein Antidepressivum mit eher sedierenden Wirkungen zu wählen.
- ÜBERDOSIERUNGSSICHERHEIT: Besteht das Risiko einer versehentlichen Überdosierung durch Fehleinnahme oder langsamer Verstoffwechselung, oder auch infolge einer absichtlichen Überdosierung bei suizidalen Patienten, so wird man TZA meiden und neuere Antidepressiva verschreiben, die auch bei Überdosierung meist nicht zu lebensbedrohlichen Intoxikationen führen.
- VERTRÄGLICHKEIT unter Berücksichtigung vielleicht bestehender anderer Erkrankungen oder Medikationen: Bei kardialen

Erkrankungen ist es z.B. meist besser, Antidepressiva wie die TZA mit ihren das Herz-Kreislauf-System betreffenden Nebenwirkungen zu meiden, oder bei SSRI ist zu prüfen, ob sie zu Wechselwirkungen mit anderen verschriebenen Medikamenten führen.
- *Handhabbarkeit:* Bei einigen Antidepressiva kann die Tagesdosis als morgendliche Einmalgabe verabreicht und sofort mit einer wirksamen Dosis begonnen werden (z.B. SSRI, SSNRI, SNRI), während bei anderen die Tagesdosis auf täglich zwei oder drei Medikamenteneinnahmen verteilt wird (TZA) und über mehrere Tage hinweg langsam aufdosiert werden muss (TZA).
- VORERFAHRUNGEN: Hat ein Antidepressivum bei einem bestimmten Patienten bereits früher gut gewirkt und wurde es gut vertragen, so wird man wieder auf dieses Mittel zurückgreifen.
- KOSTEN: Diese sind für ältere Antidepressiva wie die trizyklischen Antidepressiva deutlich niedriger als bei neu auf den Markt gekommenen Antidepressiva.

Alle diese Überlegungen fließen in die Wahl des Antidepressivums ein.

46
Risiken und Nebenwirkungen der Medikamente?

UH: »Was wirkt, hat auch Nebenwirkungen.« Von dieser Regel weichen auch die Antidepressiva nicht ab. Die Nebenwirkungen können im Beipackzettel nachgelesen werden. Hier sind lange, verwirrende Listen häufiger und seltener Nebenwirkungen zu finden. Diese Beipackzettel sind nicht für den Patienten verfasst und stellen für diesen eine Zumutung dar. Wie soll ein depressiv Erkrankter, der schon krankheitsbedingt immer mit dem Schlimmsten rechnet, die angegebenen Nebenwirkungen richtig in ihrer Bedeutung einordnen? Viele Betroffene setzen nach Lektüre dieses Zettels die verschriebenen Medikamente sofort ab, insbesondere wenn sie nicht diesbezüglich aufgeklärt worden sind. Patienten müssen über die Nebenwirkungen informiert sein, darüber, wann sie auftreten, wie häufig, ob sie eher lästig oder ernsthafter Natur sind. Ein Patient, der darüber aufgeklärt wird, dass es zu Beginn einer Behandlung mit Antidepressiva aus der Gruppe der SSRI in der ersten Woche zu Übelkeit kommen kann, die jedoch typischerweise nach ein bis zwei Wochen wieder abklingt, wird vielleicht bereit sein, diesen initialen Nachteil in Kauf zu nehmen. Ein nicht informierter Patient wird jedoch den Eindruck gewinnen, dass es ihm unter dem Medikament noch schlechter als ohne geht. Er wird sich in seinen vielleicht zuvor bereits bestehenden Ängsten vor der »chemischen Keule« bestätigt fühlen und das Medikament absetzen, vielleicht auch ohne den Arzt darüber zu informieren.

Wichtig ist zu wissen, dass es mit etwas Geduld fast immer gelingt, für den einzelnen Patienten ein Antidepressivum zu finden, das sowohl antidepressiv wirksam als auch gut verträglich ist.

Die Nebenwirkungen der verschiedenen Antidepressiva aufzuzählen ist hier nicht möglich. Nur einige häufige und wichtige sollen kurz benannt werden:

Die Mehrzahl der mit TZA Behandelten leidet unter anhaltender Mundtrockenheit. Probleme bereiten können weiter Störungen beim Wasserlassen, träger Stuhlgang und »Schwarzwerden vor den Augen«, besonders beim raschen Aufstehen. Bei bestehenden Herzerkrankungen ist besondere Vorsicht angezeigt. Da es bei Überdosierung rasch zu Intoxikationszeichen und Störungen der Herzfunktion kommt, sollten diese Medikamente nur Personen verschrieben werden, bei denen eine zuverlässige Einnahme gesichert ist. Bei älteren Patienten mit körperlichen Begleiterkrankungen, kognitiven Störungen und Begleitmedikationen sind TZA wegen dieser Risiken und Nebenwirkungen nicht erste Wahl.

Die Antidepressiva aus der Gruppe der SSRI und SSNRI haben zwar eine größere Überdosierungssicherheit, entwickeln jedoch bei einigen Patienten eine aktivierende Wirkung, die zu innerer Unruhe und Schlaflosigkeit führen kann. Sie können in den ersten Tagen mit Übelkeit einhergehen und zu sexuellen Funktionsstörungen führen.

Bei der Einnahme des MAO-Hemmers Jatrosom leiden manche Patienten unter erniedrigtem Blutdruck. Anderseits besteht bei Einnahme bestimmter Nahrungsmittel die Gefahr von Blutdruckspitzen, so dass eine spezielle Diät einzuhalten ist. Da dies etwas kompliziert ist, ist Jatrosom nicht ein Antidepressivum der ersten Wahl, aber eine gute Option, wenn andere Antidepressiva nicht gewirkt haben. Der MAO-Hemmer Moclobemid erfordert keine spezielle Diät, hat aber möglicherweise keine ebenso gute Wirksamkeit wie Jatrosom.

Mirtazapin hat als Nebenwirkung eine sedierende Eigenschaft. Dies kann manchmal erwünscht, gerade bei älteren Patienten aber auch unerwünscht sein, da die Folge Inaktivität oder Bettlägerigkeit sein kann.

Johanniskrautpräparate sind meist recht gut verträglich. Das Problem einer möglichen Lichtempfindlichkeit tritt nur selten auf und spielt keine allzu große Rolle. Zu bedenken ist aber, dass die Wirksamkeit anderer Medikamente, z.B. auch der Pille, durch Medikamentenwechselwirkungen vermindert werden kann.

47

Führen Antidepressiva bei lang andauernder Einnahme zu einer chronischen Vergiftung des Körpers?

UH: Es gibt keine Hinweise auf toxische Schäden durch die monate- oder auch jahrelange Einnahme von Antidepressiva. Da manche Antidepressiva schon seit mehreren Jahrzehnten im Einsatz sind, liegt hierzu inzwischen viel Erfahrung vor, so dass diesbezügliche Sorgen nicht begründet sind.

48

Warum fügen sich Depressive nicht einfach in die Therapie, nehmen regelmäßig Medikamente, folgen den Anweisungen des Arztes etc.?

UH: Wer macht das schon. Nicht nur Depressiven fällt es schwer, ärztlichen Anweisungen zu folgen und verschriebene Medikamente zuverlässig einzunehmen. Zweifel an der Wirksamkeit der Medikamente, Furcht vor Nebenwirkungen oder einfach das Vergessen der Einnahme, all das sind Gründe für das Nichteinhalten der ärztlichen Medikationsempfehlung. Bei Psychopharmaka kommt noch der tief sitzende Wunsch zum Tragen, mit »dem Problem« selber fertig zu werden, nicht von einer »medikamentösen Krücke« abhängig zu sein.

Die Depression stellt unser Selbst, unsere Autonomie in Frage. Ein Depressiver erkennt sich selbst nicht wieder und fühlt sich durch die Krankheit von innen heraus verändert. Er steht der Erkrankung nicht objektiv gegenüber, wie dies bei einer Blinddarmentzündung oder Armfraktur möglich ist, sondern fühlt sich ihr ausgeliefert. Aus dieser existenziellen Verunsicherung erwächst nicht selten eine tief sitzende, fundamentale Ablehnung von Psychopharmaka, die zudem noch von den Ängsten, dass Antidepressiva abhängig machen und die Persönlichkeit verändern würden, verstärkt wird. Bezüglich des Problems der Abhängigkeit kann bei Antidepressiva Entwarnung gegeben werden. Antidepressiva machen im Gegensatz zu Schlafmitteln und Beruhigungsmitteln nicht abhängig, auch gibt es keine Gewöhnungseffekte, die ständige Dosissteigerung nötig machen würden.

DA: Die Abneigungen und Ängste der Patienten bezüglich Medikation sind mitunter so stark ausgeprägt, dass viele auf keinen Fall ein Antidepressivum zu sich nehmen wollen. 80 Prozent der Bevölkerung glaubt zu Unrecht, ein Antidepressivum würde süchtig machen. Hier tut Aufklärung Not. Wenn ein Patient versteht, warum eine Behandlung sinnvoll ist und wie sie wirkt, dann sind die Erfolgschancen sicherlich besser. Aber nicht nur medikamentöse Empfehlungen, sondern auch andere therapeutische Ratschläge werden oftmals missachtet: beispielsweise die Empfehlung, den eigenen Alltag besonders gut zu strukturieren, sich nicht zu überfordern, sich immer wieder Auszeiten zu gönnen, sich bewusst zu belohnen, unproduktive Grübelphasen zu vermeiden etc.

Hier kann Ratlosigkeit auf Seiten des Arztes und Therapeuten entstehen. Will der Patient nicht? Kann er nicht, weil die Depression so stark ausgeprägt ist? Es ist oft nicht einfach zu entscheiden, wo die genaue Grenze liegt, was ein Patient trotz Depression noch tun kann und was nicht. Es zeigt sich bei einem Teil der Patienten eine sehr ausgeprägte Ambivalenz bezüglich der notwendigen Mitarbeit bei der Therapie. Sie empfinden den Behandler nicht immer als wohlmeinenden »Freund«, der nur das Beste möchte. Vielmehr sind einige misstrauisch und allzu leicht werden sie in ihrem Argwohn bestätigt, wenn bei ihnen der Eindruck entsteht, dem Behandler lästig zu sein. »Weiß der überhaupt, wie es mir geht? Der wirkt so kühl und uninteressiert.«

Menschen mit Depression möchten sich zuallererst verstanden wissen. Der andere muss begreifen können, was sich da gerade ereignet. Erst dann kann man gemeinsam mit dem Patienten über Wege aus der Depression nachdenken. Ich erlebe in meiner Praxis immer wieder Patienten, die in der Anfangsphase viel Zeit benötigen und bei denen deutlich wird, dass der erste Kontakt auch der letzte wäre, wenn ich als Therapeut rigoros auf bestimmten Vorgaben beharren würde. Der erste Schritt für eine langfristig erfolgreiche Therapie besteht darin, zunächst einmal eine gute und tragfähige therapeutische Beziehung aufzubauen. Dies ist nur dann möglich, wenn die Ängste und Ambivalenzen des Patienten ernst genommen werden und nicht versucht wird, paternalistisch über seinen Kopf hinweg Entscheidungen zu treffen. Sicherlich gibt es eine Reihe von Patienten, die dankbar sind, wenn man ihnen ohne lange Diskussion einfach klar sagt, was nun zu tun ist und was nicht. Für einige jedoch scheint dies kein praktikabler Weg. Bei ihnen ist viel mehr Geduld notwendig und es kann Wochen, manchmal sogar Monate dauern, bis z.B. von der Option einer medikamentösen Unterstützung Gebrauch gemacht wird. In manchen Fällen selbst dann nicht. Bei diesen Patienten ist sehr viel Ausdauer und Verständnis notwendig, um sie durch die Depression hindurch zu begleiten.

49
Können Medikamente glücklich machen?

HR: Die Antwort ist ein klares Nein, zielt die Frage doch nicht auf das Glücksgefühl ab, durch Medikamente von einer schweren Krankheit geheilt werden zu können, sondern von Glück als manipulierter Stimmung. Arzneimittel können, wie jede andere Droge auch, das Befinden beflügeln, sie vermögen zu berauschen und uns vorübergehend aus der Realität zu befreien. Aber ist das Glück? Bestenfalls ist es ein gekauftes Glück auf Zeit, das vermeintliche Glück der Betäubung. Psychopharmaka verfügen nicht über dieses Potenzial, glücklicherweise machen sie auch nicht abhängig, auch vermögen sie nicht die Stimmung gesunder Menschen zu beeinflussen. Und dennoch kann es ein großes Glück für den unter Depressionen Leidenden sein, wenn sich zum ersten Mal aufgrund der Einnahme von Antidepressiva seine Stimmung spürbar aufhellt, sich die Angst löst und er endlich Erfolg versprechend einer Therapie nachgehen kann. Wirklich glücklich allerdings wird er erst sein, wenn er genesen ist und sich sein ganz persönliches Lebensglück auch wieder selbst erarbeiten kann.

UH: Antidepressiva sind keine »Glückspillen« und ein Gesunder wird durch Antidepressiva nicht »high«. Sie beeinflussen über die Botenstoffe den Krankheitsprozess und bringen die Depression zum Abklingen bzw. verhindern das Wiederauftreten depressiver Episoden. Kurzfristige Glücksgefühle können bekanntermaßen durch eine Reihe illegaler Drogen ausgelöst werden, auch Alkohol kann eine euphorisierende Wirkung haben. Als angenehm kann auch die angstlösende und entspannende Wirkung von Psychopharmaka aus der Gruppe der Beruhigungsmittel (z.B. Valium) erlebt werden.

50

Nur ein Drittel der Patienten erfährt durch eine Pharmakotherapie eine vollständige Besserung. Kann da noch von einem erfolgreichen Behandlungsverfahren gesprochen werden?

UH: Antidepressiva sind sehr hilfreiche Medikamente, jedoch noch bei weitem nicht das, was wir uns unter einer optimalen Pharmakotherapie vorstellen würden.

Zunächst wirken sie nicht sofort, sondern erste Effekte zeigen sich oft mit einer Latenz von ca. zwei bis drei Wochen. Zudem spricht auf ein bestimmtes Antidepressivum jeweils nur ein Teil der Patienten an. 30 bis 50 Prozent der Patienten zeigen dagegen zunächst keine ausreichende antidepressive Wirkung, so dass nach zwei bis vier Wochen auf ein anderes Antidepressivum umgestellt werden und erneut mindestens zwei Wochen zugewartet werden muss. Bei manchen Patienten können dann sogar noch weitere Behandlungsansätze mit Antidepressiva aus anderen Substanzklassen nötig sein.

Dies alles strapaziert die Geduld des depressiv Erkrankten. Gelingt es jedoch im Rahmen eines guten Arzt-Patienten-Verhältnisses, den Patienten zu motivieren, auch nach ersten Fehlversuchen am Ball zu bleiben, so gelingt es bei der großen Mehrheit der Betroffenen, die Erkrankung letztendlich zum Abklingen zu bringen. Auch kann durch eine lang anhaltende Medikation mit Antidepressiva das Risiko des Wiederauftretens depressiver Episoden um 50 bis 70 Prozent reduziert werden und den Betroffenen damit das Leid mehrmonatiger depressiver Phasen erspart werden. Letztendlich sind deswegen Antidepressiva doch für viele Betroffene ein großer Segen.

51
Kritiker wenden ein, dass der größere Teil der therapeutischen Wirkung ausschließlich auf dem Placeboeffekt beruht.

UH: Alle Antidepressiva, die heutzutage zugelassen werden, müssen ihre Wirksamkeit in so genannten randomisierten Placebo-kontrollierten Studien belegen. Hier werden Patienten per Zufall (randomisiert) entweder einer Behandlung mit einem Antidepressivum oder mit einem identisch aussehenden Scheinpräparat, einem Plazebo, zugeordnet. Durch »Verblindung« wird erreicht, dass weder der Patient noch der behandelnde Arzt weiß, welche Art der Behandlung der jeweilige Patient erhält, da dies ja zu willentlichen oder unwillkürlichen Verfälschungen führen könnte.

Die Prozentangaben schwanken etwas von Studie zu Studie, aber grob lässt sich sagen, dass etwa 40 Prozent der Patienten sich unter dem Scheinmedikament und 60 Prozent unter dem Antidepressivum deutlich bessern. Das heißt z.B., dass von zehn Patienten vier allein auf eine Scheinmedikation ansprechen, nur zwei zusätzlich, wenn ein Antidepressivum gegeben wird, und vier sich weder auf das Scheinmedikament noch auf das Antidepressivum ausreichend bessern. Bedenkt man noch, dass Antidepressiva Nebenwirkungen haben können, so scheint auf den ersten Blick nicht allzu viel für den Einsatz von Antidepressiva zu sprechen. Diese Zahlen sind jedoch irreführend:

Sie beruhen auf großen internationalen Studien. Diese sind heutzutage sehr aufwändig geworden: Die Patienten müssen zahlreiche Skalen ausfüllen, haben mehrere kurzfristige Termine in den Studienzentren und erfahren intensive Zuwendung von Seiten der Studienärzte. Hierdurch kommt es in ausgeprägtem Maße zu einer Aktivierung, Zuwendung und Hoffnungsvermittlung. Dies sind unspezifische Faktoren, die einen Großteil der positiven Effekte bei den Patienten, die ein Scheinmedikament erhalten haben, erklärt. Im Versorgungsalltag bei einem Hausarzt oder Nervenarzt ist eine derartige über Stunden gehende intensive Zuwendung nicht zu realisieren, so dass man damit rechnen kann, dass auch diese unspezifischen Effekte deutlich geringer ausfallen.

Hinzu kommt, dass bei Nichtansprechen auf ein bestimmtes Antidepressivum die Möglichkeit besteht, auf ein anderes Präparat aus einer anderen Substanzklasse umzusteigen, so dass von den 40 Prozent, die zunächst nicht angesprochen haben, dann doch noch einige eine erfreuliche Besserung zeigen. Im Versorgungsalltag ist deswegen die Rate der letztendlichen Antidepressiva-Responder wohl höher und die Rate der Placebo-Responder wohl niedriger als unter den Bedingungen einer klinischen Studie.

52

Warum erleben mehr als die Hälfte der Patienten erneut depressive Phasen?

UH: Durch Antidepressiva kommt es nicht zu einer fundamentalen Heilung, sondern nur zu einem Abklingen der depressiven Episoden. Die durch genetische oder erworbene Faktoren bedingte Neigung der Betroffenen, im weiteren Lebensverlauf erneut in eine depressive Episode zu geraten, bleibt erhöht. Wir sagen deshalb nicht, die Depression ist heilbar, sondern gut behandelbar. Dies gilt übrigens für die meisten Erkrankungen. Auch ein Diabetes mellitus ist gut behandelbar, aber nicht heilbar.

Zur guten Behandelbarkeit gehört, dass auch das Rückfallrisiko durch eine langfristige rückfallverhütende Medikation halbiert oder gedrittelt werden kann und viele Betroffene von weiteren depressiven Episoden verschont bleiben.

53
Woran merkt der Patient, dass er erneut in den Strudel der Depression gerät?

DA: Für viele Menschen, die bereits einmal unter einer Depression gelitten haben, ist es – all dieser Erfahrung zum Trotz – schwer, erneute depressive Phasen frühzeitig wahrzunehmen. Die Lebensqualität und die Wahrnehmung der eigenen Person, anderer Menschen und der Welt an sich ist in der Depression so fundamental anders als vorher und nachher, dass diese beiden Zustände kaum miteinander vergleichbar sind.

Menschen, die bereits eine echte Depression erlebt haben, sind besonders sensibilisiert und neigen später manchmal dazu, erste Anzeichen von Verstimmung und Unlust überzubewerten. Die Furcht vor einem Rückfall begleitet sie insgeheim. Wie alle Menschen erleben natürlich auch sie sporadisch Gemütszustände, die unangenehm, schmerzhaft, ja mitunter sogar quälend sein können. Wer kennt dies nicht: mit flauem Gefühl aufzuwachen, mutlos dem Tag entgegenzublicken, sich klein und unfähig zu fühlen, am liebsten die Decke wieder über den Kopf zu ziehen. Solche Tiefs, die in den allermeisten Fällen nur Stunden, höchstens jedoch Tage andauern, sind Teil des normalen Menschseins. In vielen Fällen gibt es auch keine verlässliche Medizin dagegen: Man kann ein schlechtes Gefühl nicht einfach mit einem Schalter ausknipsen und stattdessen durch ein gutes ersetzen. Aktivität, Ablenkung, Gespräche und Sport mögen grundsätzlich helfen; Garanten für ein rasches Abklingen unangenehmer Gefühle sind auch sie nicht. Oft verschwinden schlechte Gefühle wieder, ohne dass man sich in besonderer Weise mit ihnen auseinander gesetzt hätte, ohne größere Lösungsversuche gestartet zu haben. Als würden sie allmählich verblassen.

Für depressionserfahrene Menschen können solche kurzen Tiefphasen bereits beunruhigend sein. Auch wenn sie erkennen, dass dies noch keine Depression ist, so tragen Verstimmungen und Niedergeschlagenheit doch bereits Geruch und Farbe dieser extremen Bedrohung. Einigen Patienten fällt es daher schwer, zwischenzeitliche negative Gefühle als Teil ihres Alltags zu akzeptieren. Manche beginnen, geschult durch Therapie, sich intensiv mit der Analyse und Ursachenforschung für Verstimmungen zu befassen. Finden lassen sich dabei immer Dinge: Gab es eine Auseinandersetzung mit dem Partner? Einen Misserfolg in der Arbeit? Ein unangenehmes Telefonat mit den Eltern?

Die Versuchung kann groß sein, retrospektiv, also im Nachhinein, irgendwelchen Ereignissen eine Bedeutung zuzumessen, die ihnen gar nicht zukommt. Schließlich erleben wir es ja auch immer wieder, dass wir trotz einer Auseinandersetzung in der Partnerschaft, trotz des einen oder anderen beruflichen Misserfolgs oder anderer misslicher Dinge in unserem Wohlbefinden keineswegs besonders eingeschränkt sind und trübsinnig werden. Menschen, die bereits eine Depression erlebt haben, müssen später lernen, diese alltäglichen Herausforderungen in ihrem Leben wieder zu akzeptieren, ohne sich übermäßig zu erschrecken. Bedauerlicherweise ist es nicht möglich, dass es einem fortwährend und immer gut geht. Vorübergehende schlechte Stimmung ist daher keinesfalls ein Zeichen eines bevorstehenden Rückschlags. Dehnt sich ein Tief allerdings über Wochen aus und quälen den Betroffenen fast ununterbrochen Selbstzweifel, innerer Rückzug, Freudlosigkeit und Antriebslosigkeit, dann sollte immer an eine Depression gedacht werden. Manchmal nehmen die Angehörigen und Freunde diese Veränderungen früher wahr als der Betroffene selbst. Denn während manche Patienten »übersensibel« auf kurzfristige Verstimmungen reagieren, beobachte ich bei einer anderen Teilgruppe von Patienten das Gegenteil: Bei ihnen zeigen sich ganz deutliche Anzeichen einer erneuten Depression, die sie aber einfach nicht wahrhaben wollen, weil »nicht sein kann, was nicht sein darf«. So schilderte mir ein Patient, dass er bereits seit Wochen unter schlimmsten Selbstzweifeln leide, nachts nicht mehr schlafe und im zweiwöchigen Urlaub eine entsetzliche Zeit durchgemacht habe. »Aber das kann doch gar keine Depression sein! Es gibt doch gar keinen Grund dafür!« Seiner Frau war sofort klar gewesen, dass eine erneute Depression vorlag, und sie hatte ihn gedrängt, therapeutische Hilfe in Anspruch zu nehmen.

In diesem Spagat also lebt der depressionserfahrene Mensch: Zum einen gilt es, normalen Befindlichkeitsschwankungen nicht zu viel Gewicht zu geben, auf der anderen Seite sich aber auch frühzeitig eine Wiedererkrankung einzugestehen. Eine Klärung ist in vielen Fällen am leichtesten durch Gespräche mit anderen möglich: mit Freunden, mit dem Partner oder eben auch mit dem Arzt oder Therapeuten.

HR: Wer einmal eine schwere Depression erlebt und durchlitten hat, wird sich noch nach Jahren an alle Symptome dieser Krankheit erinnern. Offensichtlich werden die Erfahrungen der Depression nie ganz gelöscht. Das macht die Krankheit auf der einen Seite unheimlich, auf der anderen scheinen aber die vielfältigen Erinnerungen mit allen noch nach Jahren abrufbaren Sinneseindrücken auch ein sehr wirksames Mittel zu sein, die Depression zu neutralisieren und am Ende vielleicht sogar gänzlich zu überwinden. Der Depressionserfahrene weiß sehr wohl das Phänomen der Stimmungsschwankung von den Mechanismen zu unterscheiden, die für die eigentliche Befindlichkeit gefährlich sind: die Strudel, die ihn wieder in die Depression hinabziehen wollen.

Stimmungsschwankungen sind ein unverzichtbares Spektrum des emotionalen Erlebens und haben nichts mit einer Krankheit zu tun. Sie können den Lebenselan vorübergehend abschwächen, brechen können sie ihn nicht. Aber genau das geschieht, wenn die Depression ihr hässliches Gesicht zeigt. Wir haben es dann nicht mehr mit heftigen oder weniger starken Stimmungsausschlägen zu tun, sondern mit dem Phänomen der emotionalen Lähmung, die immer dann in Lebensangst und Lebensverneinung umschlagen kann, wenn wir es nicht schaffen, uns gegen den Strudel der Niedergeschlagenheit zu wehren.

Ich selbst habe das Glück erfahren, nach überwundener Depression heute sehr genau unterscheiden zu können, welche Mechanismen mir derart zusetzen, dass sich mein Erleben nicht länger als Stimmungsveränderung erklären lässt, sondern dass andere Kräfte am Werk sind, die in der Lage sind, das depressive Geschehen, also die Selbstverleugnung des Ich, auszulösen und den Lebenselan abrupt zu vermindern oder sogar ganz auszuschalten. Was genau im Nachhinein des aktuellen Erlebens für diese so unverhältnismäßige Reaktion des eigenen Körpers – nur des Gehirns? – verantwortlich ist, wissen wir nicht mit Sicherheit, auch können wir das Geschehen in seinem Schweregrad bisher nicht voraussagen. In den vergangenen fast zwanzig Jahren bin ich immer wieder von den Strudelbewegungen der Depression heimgesucht worden. Glücklicherweise ist es mir immer rechtzeitig gelungen, mögliche Einflussfaktoren dieses Zurückfallens in die Krankheit sehr schnell zu analysieren und im entscheidenden Moment den plötzlichen Abfall der Emotionen ins Bodenlose zu stoppen. Ähnlich wie ein hochwirksames Medikament in der Überdosis tödlich sein kann, scheint auch eine Überdosis Emotion das fatale depressive Geschehen auszulösen. Bisher konnte ich immer rechtzeitig und erfolgreich mein ganz persönliches »Gegengift« einsetzen, um die gefährliche Überdosis zu neutralisieren. Sollte mir dies eines Tages nicht mehr gelingen, würde ich auch nach so langer behandlungsfreier Zeit sofort wieder ärztliche Hilfe in Anspruch nehmen. Vorrangig aber möchte ich auch weiterhin selbst bestimmen, was ich aushalten will und was nicht, kann ich mir doch im Nachhinein eines depressiven Anflugs stets den Auslösemechanismus erklären und stelle immer wieder fest, dass die Wucht der Emotionen in keinem vernünftigen Verhältnis zu dem eigentlichen Anlass stand, der den Strudel der Depression wieder angefacht hat. Das Wissen um dieses Missverhältnis ist heute mein vielleicht wichtigster Erfahrungsschatz und das beste Mittel, dem noch immer latent drohenden depressiven Geschehen immer wieder entgegentreten zu können.

54
Wie kann man Rückfällen vorbeugen?

HR: Eigene Strategien, dem Rückfall entgegenzuwirken, sind häufig nicht sehr spektakulär, und wer darüber liest, kann schnell den Eindruck gewinnen, dass die Depression doch eher eine Stimmungsschwankung denn eine wirkliche Krankheit ist. Aber vor dieser Fehleinschätzung kann ich nur warnen, ebenso sehr wie die Erkenntnis zu leugnen, dass eine ausgewogene und gesunde Ernährung statistisch eindrucksvoll die Lebenszeit verlängert. Beides wäre ignorant. Kurz: Meine ganz persönliche Strategie, den gelegentlichen Anzeichen der Depression entgegenzuwirken, mutet eher trivial an: Wenn ich erste Symptome spüre, bringe ich sie mit meiner derzeitigen Situation in Verbindung. Welche Eindrücke sind es, die diese plötzliche emotionale Desorientierung hervorrufen? Kann ich sie benennen? Wenn mir das nicht spontan gelingt, verordne ich mir mindestens eine halbe Stunde Ablenkung und eine gedankliche Pause. Ich trete bewusst aus der offenbar emotional desorientierenden Situation heraus, ein intellektueller Vorgang, der einem Experiment mit offenem Ausgang gleicht. Was wird sich in der jetzt verordneten Auszeit, auf dem selbst abgeforderten Spaziergang – all das ist kein Vergnügen! – oder nach der kurzen Schlafpause ereignen? Werde ich Opfer dieser verstörenden Emotionen oder kann ich meine irritierenden Wahrnehmungen doch wieder intellektuell einordnen, bewerten und schließlich meistern? Häufig hilft bereits der Akt des Widerstandes: Ich will mich der drohenden Depression nicht beugen! Ich habe ihr viele Male die Stirn geboten, jetzt werde ich es wieder tun. Dieser hochanstrengende Willensakt scheint bei mir die organischen Folgen des depressiven Anfluges bannen zu können. Meine Seele, mein Ich, all das, was mich ausmacht, ist nicht Opfer eines Gewitters im Gehirn, sondern gehorcht auch weiterhin meinen eigenen Instruktionen. Die Ermahnung, ich bin der, der ich bin, und ich bin mit dieser Rolle ohne Lebensillusionen, aber mit vielen Aufgaben und Lebenszielen zufrieden und glücklich – das ist offenbar die selbststabilisierende Botschaft und das schützende Bollwerk gegen die Depression. All das ist nicht sehr spektakulär, aber in meinem Falle hochwirksam und durchaus zur Nachahmung zu empfehlen.

Warum gelingt es mir heute so viel besser als vor 20 Jahren, mit derart verstörenden Situationen umzugehen? Ich habe im Laufe der Zeit gelernt, dass ich mich auch in der emotionalen Desorientierung schon bald wieder zurechtfinden kann – nicht sofort, aber innerhalb einer akzeptablen Zeitspanne. Das depressiv machende Geschehen trifft mich nicht mehr ungebremst in seiner ganzen Wucht, sondern die Bedrohung ist frühzeitig spürbar, sodass ich ihr offensiv begegnen kann. Nach den ersten erfolgreichen Abwehrversuchen habe ich schließlich immer mehr Zutrauen zu mir selbst gewonnen, solche Situationen nicht nur meistern, sondern sie auch unbeschadet überstehen zu können.

Heute dauern diese prädepressiven Episoden manchmal nur noch Minuten, höchstens eine Stunde. Ich weiß um das Reaktionsmuster meines Körpers, halte es aus und gönne mir stets, wenn alles überstanden ist, eine kurze gedankliche Pause, in der ich das Erlebte noch einmal Revue passieren lasse. Was war der Auslöser des plötzlichen Stimmungsabfalls, wie stark war der emotionale Ausschlag, welches Areal meines Ichs fühlte sich angegriffen und was habe ich sowohl intuitiv als auch gedanklich unternommen, um den Angriff abzuwehren? Dieses Aufarbeiten gleicht dem klassischen Ablauf in der kognitiven Verhaltenstherapie – nur dass ich heute mein eigener Therapeut sein kann.

UH: Gefragt ist bei der Rückfallverhütung in ganz besonderer Weise die Mitarbeit des Betroffenen. Er muss die Medikamente unbeirrt weiter einnehmen, auch wenn die Depression abgeklungen und in weite Ferne gerückt scheint. Er muss vorbereitet sein, seine Frühsymptome kennen, d.h. die Krankheitszeichen, mit denen sich die letzte depressive Episode angekündigt hat, um frühzeitig gegensteuern zu können. Manchmal sind das Schlafstörungen mit Grübelneigung, manchmal aufkeimende Schuld- und Insuffizienzgefühle, manchmal das Unvermögen, die Musik genießen zu können. Er muss im gesunden Zustand eine Art Notfallkoffer schnüren, der alles enthält, um rasch reagieren zu können, wenn die Depression sich wieder ankündigt. Wer kümmert sich um die Pflanzen oder das Haustier, wer soll verständigt werden, wenn eine stationäre Behandlung nötig wird? Welche Unterlagen, z.B. über frühere Behandlungen, sollten griffbereit sein? An wen kann ich mich notfalls auch nachts wenden? Über welche Telefonnummern erhalte ich Rat oder professionelle Hilfe (Hausarzt, Nervenarzt, Krankenhaus)? All das kann mit wenig Mühe im gesunden Zustand bereitgelegt werden, in einer schweren Depression können bereits hier unüberwindbare Hindernisse liegen.

Medikamentös ist eine bereits angesprochene Möglichkeit der Rückfallverhütung die langjährige Medikation mit dem Antidepressivum, das auch die depressive Episode zum Abklingen gebracht hat. Die Alternative ist eine rückfallverhütende Medikation mit dem Stimmungsstabilisierer Lithium. Eine derartige Lithiumprophylaxe erfordert eine sehr enge Arzt-Patienten-Kooperation, da die Konzentration des Lithiums im Blut in einem bestimmten Bereich gehalten werden muss. Darunter wirkt es nicht, darüber ist mit vermehrten Nebenwirkungen und Intoxikationszeichen zu rechnen. Meist wird Lithium zur Rückfallverhütung bei Patienten mit bipolaren affektiven Störungen eingesetzt, d.h. bei Krankheitsverläufen mit sowohl depressiven als auch manischen Episoden. Auch durch eine lang dauernde

Psychotherapie mit z.B. monatlichen Sitzungen kann das Rückfallrisiko gesenkt werden.

55
Wie geht man mit Patienten um, denen Medikamente gar nicht helfen?

UH: Erfreulich ist zunächst, dass dies nur bei einem kleinen Prozentsatz der Betroffenen der Fall ist. Besteht aber eine derartige Behandlungsresistenz, so steht eine ganze Palette weiterer Möglichkeiten zur Verfügung.

Bei schweren Depressionen ist nach mehreren erfolglosen medikamentösen und psychotherapeutischen Behandlungsversuchen oft die Elektrokrampftherapie (EKT) das mit Abstand erfolgreichste Verfahren. Im Gegensatz zu verbreiteten Ängsten ist es heutzutage für den Betroffenen ein wenig belastendes und abgesehen von dem Piekser in die Vene schmerzfreies Verfahren. Der Patient wird zunächst in eine Kurznarkose versetzt. Dann wird über einen kurzen elektrischen Strom ein epileptischer Anfall ausgelöst, wobei jedoch die Muskelverkrampfungen durch ein muskelentspannendes Mittel weitgehend unterbunden werden kann. Dieses sehr wirksame Verfahren wird in Deutschland im Vergleich zu anderen europäischen Ländern eher selten eingesetzt, was durch den schlechten öffentlichen Ruf dieses Verfahrens bedingt ist. Abgesehen von dem Narkoserisiko und möglichen Blutdrucksteigerungen ist die Elektrokrampftherapie jedoch ein vergleichsweise nebenwirkungsarmes und äußerst wirksames Behandlungsverfahren. Als Nebenwirkungen sind initiale Gedächtnisstörungen zu nennen, die jedoch nach Absetzen der Elektrokrampftherapie, die in Form von sechs bis zwölf Anwendungen über zwei bis vier Wochen verläuft, fast immer komplett abklingen.

Der diesem Verfahren anhaftende schlechte Ruf resultiert nicht nur aus reißerischen Filmen wie *Einer flog über das Kuckucksnest*, sondern aus der Tatsache, dass sich der Nichtbetroffene nur schwer vorstellen kann, in welchem Zustand sich ein Mensch befindet, der seit Monaten in der Hoffnungslosigkeit und Verzweiflung einer schweren Depression gefangen ist. Das Verfahren EKT erscheint dann als unangemessen drastisch. Viele dieser Erkrankten sind jedoch seit Monaten in hohem Maße suizidgefährdet, können sich nicht selber versorgen, wollen nicht mehr essen und trinken. Man muss selbst mit Menschen gesprochen haben, die nach dem Albtraum einer mehrmonatigen schweren Depression dank der EKT wieder ins Leben zurückkehren. Auch bei anderen Erkrankungen, wie dem Blinddarm, hat die Behandlung, das Aufschneiden der Bauchdecke, etwas Martialisches, wird jedoch eher als der Schwere der Erkrankung adäquat und damit gerechtfertigt erachtet.

Ein Verfahren, das zurzeit erforscht wird, ist die transkranielle Magnetstimulation. Hier werden über zwei bis vier Wochen täglich über den Zeitraum von 20 Minuten mit Spulen, die man an die Kopfhaut anlegt und die starke Magnetfelder generieren, umschriebene Stromflüsse im Gehirn ausgelöst. Bei welchen Patienten dieses Verfahren geeignet ist und wirkt, wo auf der Kopfhaut und mit welcher Orientierung die Spulen angelegt werden, mit welchen Magnetimpulsen stimuliert wird, das alles sind noch offene Fragen. Die Hoffnung, eine echte Alternative zur EKT bei schwer depressiven behandlungsresistenten Patienten zu haben, hat sich bisher nicht erfüllt und die Wirksamkeit ist noch nicht ausreichend belegt.

Noch weniger gut belegt ist die Wirksamkeit des Verfahrens der Vagusnervstimulation. Dieses Verfahren wird seit Mitte der Neunzigerjahre im Rahmen der Epilepsiebehandlung eingesetzt. Hierbei wird ein Stimulator unter die Brusthaut verpflanzt, ähnlich wie ein Herzschrittmacher, und über einen Draht der linke Vagusnerv im Halsbereich stimuliert. Die bisher vorgelegten Studienergebnisse sind nicht sehr überzeugend. In der methodisch besten Studie mit über 200 Patienten mit therapieresistenter Depression sprachen nach zehnwöchiger Behandlung mit Vagusnervstimulation, die zusätzlich zur medikamentösen Behandlung erfolgte, lediglich 15,2 Prozent auf die Vagusnervstimulation und zehn Prozent bereits auf eine Scheinbehandlung an. Dies bedeutet, dass die allermeisten Patienten von diesem Eingriff nicht profitieren. Das Verfahren ist, wenn überhaupt, eine Option, nachdem alle anderen Behandlungsmöglichkeiten ausgeschöpft sind.

Die Frage, ob über Diäten Depressionen günstig beeinflusst oder verhindert werden können, wird oft gestellt. Belege liegen insbesondere dafür vor, dass Fischkonsum günstig sein könnte. Länder mit hohem Fischkonsum haben in der Regel eher niedrige Depressionsraten und Menschen, die selten oder nie Fisch essen, weisen häufiger depressive Symptome auf, auch wenn man andere erklärende Faktoren wie z.B. Alter, Geschlecht, Alkoholkonsum, Rauchen oder Einkommen kontrolliert. Der positive Effekt könnte über die Omega-3-Fettsäuren vermittelt werden, die besonders hochkonzentriert in fettigem Fisch wie Thunfisch, Lachs, Makrele oder Hering enthalten sind. In einigen, wenn auch nicht allen Studien (vier von sieben Studien) konnte bei Gabe dieser Omega-3-Fettsäuren ein antidepressiver Effekt gegenüber dem Plazebo nachgewiesen werden. In den Studien mit positivem Ergebnis wurden Omega-3-Fettsäuren zusätzlich zu einer Medikation mit Antidepressiva gegeben, während dies in den Studien mit negativem Ergebnis nicht der Fall war. Ich würde die Lage zurzeit so zusammenfassen, dass regelmäßiger Fischkonsum durchaus zu empfehlen ist, jedoch gerade bei schwereren Depressionen man sich keinesfalls auf die segensreiche Wirkung von Fisch alleine verlassen sollte. Für andere Diäten gibt es keine brauchbaren Wirksamkeitsbelege.

56

Werden wir schon bald in der Lage sein, unser Wohlbefinden gezielt medikamentös zu steuern?

UH: Wir alle konsumieren psychoaktive Substanzen wie Kaffee, Tee, Alkohol, Nikotin, nicht wenige auch illegale Drogen, um unser Wohlbefinden, unsere Leistungs- und Genussfähigkeit zu manipulieren. Bei einigen dieser Substanzen ist die Nutzen-Risiko-Relation gar nicht so ungünstig. Warum sollten wir auf den Morgenkaffee oder ein Gläschen Wein verzichten? Bei härteren Drogen dagegen muss der kurzfristige Gewinn langfristig bitter bezahlt werden.

Dass es zukünftig stark wirkende »Happy-Pillen« ohne die Nachteile der illegalen Drogen geben wird, ist anzunehmen. Ebenso, dass diese auch eingesetzt werden, sobald sie verfügbar sind. In einer Zeit, in der vom Nabel über Busen, Lippen und Gesichtsfalten alles künstlich verschönt wird, wird es kaum Zurückhaltung beim Einsatz von Happy-Pillen geben, wenn dies prima vista ohne direkten Nachteil möglich erscheint. Die beunruhigende Frage ist: Was von unserem heutigen »Menschsein« geht verloren? Was wird gewonnen? Was entwickelt sich Neues? Es gibt zwar Menschen, die in ihrem Leben durch Krankheit oder aus anderen Gründen ein Übermaß an Leid erfahren und denen daher ein derartiges Glücksmedikament aus ganzem Herzen zu wünschen wäre. Es bleibt jedoch die Vermutung, dass Glück als Dauerzustand nicht zu erreichen ist und tieferes Glück nur vor dem dunklen Hintergrund leidvoller Erfahrungen erlebt werden kann.

57
Wäre eine solche Entwicklung wünschenswert?

UH: Wie wir unser Selbst und unser In-der-Welt-Sein erleben, hat sich in den letzten Jahren bereits rapide verändert, wie der mechanistische Umgang mit unserem Leib zeigt, und würde sich durch den Einsatz medikamentöser Psycho-Designs weiter verändern. Eine Zunahme der Orientierungs- und Bindungslosigkeit durch Auflösung eines eigenen stabilen Kerns könnte die Folge sein.

HR: Für wünschenswert halte ich eine solche Entwicklung nicht, aber sie wird sicher schon bald Realität sein, scheint doch der Entwicklungsschritt von der Designerdroge zur Wohlfühldroge nicht allzu groß zu sein. Wer sich also eines Tages zu jeder gewünschten Tages- oder Jahreszeit ins emotionale Schlaraffenland katapultieren will, soll das tun – er wird nur allzu bald zurückkommen wollen. Das Aufregende und Faszinierende am menschlichen Leben ist doch gerade die ungeheure Vielfalt auch der Emotionen, das Wissen um Glück und Unglück, um das Überraschungsmoment ebenso wie den langen und beschwerlichen Weg auf das hohe Plateau des Wohlfühlens, wenn man mit großer Mühe etwas erreicht hat, was schier unerreichbar schien. Das sind die großen Glücksmomente im Leben, an die wir uns immer erinnern werden. Sie müssen selten sein und in ihrer ganzen Tiefe ausgekostet werden. Ein paralleles Geschehen zu den Emotionen, das steuerbare »Wohlbefinden« in unserer Konsum- und Überflussgesellschaft, haben wir ja längst erreicht.

In allen Großstädten der westlichen Welt ist jeder noch so abstruse Konsumwunsch heute binnen kurzer Zeit erfüllbar – aber ist das wirklich ein Zugewinn? Erhöht es wirklich unser Wohlbefinden, wenn wir im tiefverschneiten Helsinki jeden Tag Erdbeeren essen können, dass wir in jedem Supermarktregal Zugriff auf alle Weine dieser Welt haben und dass es überall dieselben Markenartikel zu kaufen gibt, unabhängig von den regionalen, klimatischen und ethnischen Besonderheiten allein in Europa? Unser Konsumentenwohlbefinden lässt sich also bereits perfekt steuern, wobei irgendwann, wenn die Sättigung erreicht ist – und hier geht es dem Konsumenten nicht anders als dem Esser –, allein der Verzicht das probate Mittel ist, um irgendwann auch wieder das Lustgefühl des Hungers empfinden zu können. Nie war es so einfach in der westlichen Welt, so schnell und so preiswert, den Hunger zu stillen, wie heute. Und noch nie war es so einfach, diesen Hunger auf vielfältigste und raffinierteste Weise zu befriedigen, beim Essen ebenso wie beim Konsum. All das ist inzwischen selbstverständlicher Alltag, aber macht Überfluss das Leben wirklich reicher? Und würde ein Wohlfühlmedikament unser Gefühlsleben wirklich reicher machen?

Für mich gleicht tiefes Wohlgefühl dem ersten Schluck Wasser nach einem mehrstündigen Aufstieg auf ein Bergmassiv. Der anschließende Apfel und ein Stück Käse oder Wurst sind die willkommene Steigerung. Mehr wäre weniger. Und ist nicht der Konzertgenuss im Saal des Wiener Musikvereins ein ganz anderer als der Mitschnitt desselben Konzertes auf der CD, den wir mühelos überall hören können? Wirkliches Wohlbefinden entzieht sich der Beliebigkeit und ist stets das Gegenteil von normalem Erleben, und meist geht ihm irgendeine Anstrengung voraus. In unserem tiefsten Inneren wissen wir das natürlich, aber gleichzeitig wissen wir, dass es auch das schnelle Glück nahezu überall verfügbar gibt. Das hat zwar keinen Erinnerungswert, aber ein hohes Suchtpotenzial.

Ich habe nicht die geringste Sorge, dass die Wohlfühlpille auf lange Sicht ein großer Erfolg wird, kurzfristig allerdings wird sie großen Schaden anrichten, weil der Mensch nun einmal so angelegt ist, dass er die Wahlfreiheit faszinierend findet und Schwierigkeiten gern aus dem Weg geht. Die Wohlfühlpille wird ebenso viele Opfer fordern wie die weichen Drogen, die den Ausstieg noch zulassen. Wie sich der Einzelne, der Zugriff auf diese Medikamente hat, entscheidet, obliegt seiner Selbstverantwortung. Da unterscheidet er sich nicht von denen, die auch wider besseres Wissen nicht von den Drogen lassen können.

PSYCHOTHERAPIE

58
Was ist Psychotherapie?

DA: Innerhalb der Psychotherapie wird versucht, mit Hilfe psychologischer Methoden (also z.B. mittels Gespräch und Übungen) Krankheiten entgegenzutreten. Meist kommt sie bei der Behandlung psychischer Störungen zum Einsatz. Sie kann aber auch die Therapie zahlreicher körperlicher Erkrankungen sinnvoll unterstützen (z.B. bei Asthma bronchiale, Diabetes mellitus oder Schmerzstörungen). Damit man von Psychotherapie sprechen kann, ist es notwendig, dass klar beschreibbare und erlernbare Techniken zum Einsatz kommen. Von den gesetzlichen Krankenkassen werden dabei zurzeit Verhaltenstherapie, tiefenpsychologisch fundierte Therapie und Psychoanalyse als Kassenleistung anerkannt, wenn der behandelnde Therapeut eine entsprechende Zusatzausbildung hat und über eine Kassenzulassung verfügt. Psychotherapie ist genehmigungspflichtig und wird von den Krankenkassen nur dann bezahlt, wenn eine Krankheit therapiert werden soll, bei der durch die Therapie Aussicht auf Besserung besteht. Auch wenn die verschiedenen Psychotherapieschulen unterschiedliche Ansätze vertreten, so ist ihnen doch gemeinsam, dass sie auf nachvollziehbaren und (zumindest zum Teil) überprüften Theoriemodellen basieren und alle das Ziel haben, Leidenszustände positiv zu beeinflussen.

59 Wie sieht eine Psychotherapie für depressive Patienten konkret aus?

DA: Um exemplarisch ein wenig genauer zu verdeutlichen, wie eine Psychotherapie für depressive Patienten aussehen könnte, möchte ich meine eigene Arbeitsweise skizzieren. Kommt ein neuer Patient zu mir, so geht es zunächst einmal darum, dass er die Möglichkeit findet, seine aktuellen Beschwerden und sein Leiden offen zu erzählen und sich mir anzuvertrauen. Das klingt einfacher, als es ist. Sehr häufig haben sich psychisch Kranke daran gewöhnt, ihr Leid zu verstecken und möglichst wenig von sich preiszugeben. Kommen sie nun zu einem Psychotherapeuten, dann sollen sie plötzlich genau das Gegenteil machen: einem bis dahin fremden Menschen sehr persönliche Dinge preisgeben. Damit dies überhaupt möglich ist, spielt die Beziehung zwischen Patient und Therapeut eine entscheidende Rolle. Nur auf der Basis von Vertrauen und Wertschätzung kann eine konstruktive Behandlung zustande kommen. In der Anfangsphase einer Psychotherapie geht es neben diesem Beziehungsaufbau vor allem um die genaue Eingrenzung des Problems. Was genau meint der Patient, wenn er sagt, er sei depressiv? Was spürt er dabei? Wie nimmt er sich selbst und seine Umwelt wahr? Wann treten diese Symptome auf? Wie reagieren der Partner und die Kinder auf die Erkrankung? Gibt es tageszeitliche Schwankungen? Treten körperliche Beschwerden auf? Gibt es Dinge, die den Patienten aufheitern können? Welche Strategien hat der Patient schon selbst ausprobiert, um gegen die Depression anzukämpfen? Was war dabei erfolgreich und was nicht? Nimmt der Patient Medikamente ein? Gab es früher bereits ähnliche depressive Phasen und wie wurden sie bewältigt? Welche Erfahrungen wurden in der Kindheit und im Laufe der persönlichen Lerngeschichte gemacht?

Mit Hilfe all dieser Informationen wird ein individuelles Modell für die auslösenden und aufrechterhaltenden Bedingungen der Störung erstellt. Gab es eine klar definierbare Überlastungs- oder Verlustsituation? Wie reagiert der Patient nun darauf? Unter welchen Umständen geht es ihm schlechter, was tut ihm gut? Wie gerät der Patient immer wieder in seine quälenden Gemütszustände und was trägt er vielleicht selbst dazu bei? Stundenlanges einsames Grübeln in der Hoffnung, endlich eine Lösung auf quälende Fragen zu finden, stellt z.B. solch eine kontraproduktive Verhaltensweise dar.

In der Regel erstelle ich gemeinsam mit dem Patienten einen spezifischen Therapieplan. In der Anfangsphase der Therapie geht es vor allem darum, den Patienten zu aktivieren und ihn dabei zu unterstützen, wieder mit positiven Erfahrungen in Berührung zu kommen. Auch die genaue Untersuchung der negativen und depressionsfördernden Gedankengänge spielt hierbei eine Rolle. Der Patient soll zugrunde liegende Denkfehler erkennen und überprüfen. Oft neigen depressive Patienten dazu, negative Ereignisse zu übergeneralisieren und auf sich selbst zu beziehen. Daher ist die Überprüfung der Angemessenheit der Annahmen wichtig, um depressionsfördernde Gedankengänge nach und nach zu modifizieren. Dabei soll der Patient auch zwischen den Therapiesitzungen üben und zu diesem Zweck erhält er klar umrissene »Hausaufgaben«, die in der folgenden Stunde gemeinsam besprochen werden.

Viele Menschen mit Depressionen verhalten sich in Beziehungen auf eine Art, die ihnen nicht gut tut. Einige können beispielsweise sehr schwer »Nein« sagen, neigen dazu, sich für andere aufzuopfern, und vernachlässigen dadurch eigene Bedürfnisse. In der Therapie soll der Patient lernen, sich adäquat abzugrenzen und eigene Interessen aktiver vertreten zu können. Dazu werden mit den Patienten z.B. Rollenspiele durchgeführt, die auf Video aufgenommen und anschließend gemeinsam analysiert und gegebenenfalls wiederholt werden.

Hauptziel der Therapie ist in der Regel zunächst die Reduktion der für den Patienten quälenden Symptome, zum anderen aber auch die gesamte Krankheitsbewältigung. Oft hat eine Depression zu Belastungen und »Wunden« in Familie, Partnerschaft und im Arbeitsbereich geführt, die es erschweren, einfach zur Tagesordnung zurückzukehren. Häufig erweist sich dann die Einbeziehung der Angehörigen in die Therapie als hilfreich.

Natürlich läuft eine Psychotherapie nie stereotyp nach einem exakt festgelegten Plan ab. Das genaue Vorgehen orientiert sich sehr genau am Einzelfall, den Bedürfnissen des Patienten und dem individuellen Therapieprozess. Die grundsätzliche Frage lautet dabei immer: Was braucht der Patient, um die Depression überwinden zu können und wieder ein selbstbestimmteres Leben zu führen?

60
Stimmt es, dass eine Psychotherapie Jahre dauert?

DA: In manchen Filmen von Woody Allen scheinen die Protagonisten schon mit ihrem Analytiker auf die Welt gekommen zu sein. Der sogenannte »Shrink« erhält einen zentralen Platz in deren Biographie. Aber trotz der zahlreichen Termine über viele Jahre hinweg bleiben die Neurotiker im Film weiterhin neurotisch. Tatsächlich entspricht dieses Bild jahrelanger vergeblicher Behandlung in keiner Weise der Versorgungswirklichkeit in Deutschland. Bei einer Psychotherapie finden in aller Regel pro Woche ein bis zwei Therapiesitzungen über einen Zeitraum von wenigen Monaten bis zu zwei Jahren statt. Die Dauer der Behandlung hängt letztlich allerdings sowohl vom Einzelfall als auch vom Verfahren ab. Eine tiefenpsychologisch fundierte Therapie dauert meist zwischen 45 und 80 Stunden. Eine Verhaltenstherapie ist mit 25 bis 45 Stunden am kürzesten und erstreckt sich in der Regel über vier bis zwölf Monate. Eine klassische Psychoanalyse (die heute jedoch nur noch selten zur Anwendung kommt) kann tatsächlich viele hundert Stunden beanspruchen und erfordert mit mehreren Terminen pro Woche den größten Zeitaufwand. Die Dauer einer Behandlung korreliert aber keineswegs mit ihren Erfolgsaussichten.

61
Kann Psychotherapie auch zusätzlichen Schmerz verursachen?

DA: Gerade bei Depression kann es oft viele Wochen oder sogar Monate dauern, bis der Patient eine klare Linderung verspürt. Dennoch ist es bei der Mehrzahl der Erkrankten möglich, mit Hilfe der Psychotherapie langfristig eine klare Besserung zu erreichen. Dies heißt allerdings nicht, dass damit schlagartig alle Beschwerden verschwinden würden.

Psychotherapie kann manchmal auch bedeuten, unangenehmen Wahrheiten deutlicher ins Gesicht zu blicken. Mitunter führt dies kurzfristig sogar zu einer zusätzlichen Verunsicherung. So kann es im Rahmen der Behandlung geschehen, dass lange verdrängte unangenehme Erfahrungen nun wieder schmerzlich ins Bewusstsein dringen und betrauert werden. Gerade die Beschäftigung mit der eigenen Familien- und Entwicklungsgeschichte birgt dabei oft erhebliches Konfliktpotenzial. Aber auch eigene gewohnheitsmäßige Handlungsweisen, die zuvor automatisch abliefen, werden nun bewusster erlebt und hinterfragt. So kann es schmerzlich sein, sich eingestehen zu müssen, wo und wann man selbst zur Aufrechterhaltung seiner Krankheit beigetragen hat. Auf der anderen Seite gehört es zu den wesentlichsten Punkten im Rahmen der Therapie, dass der

Patient lernt, wie er durch eigenes Handeln den Lauf der Dinge beeinflussen kann, positiv wie negativ. Auch die Erfahrung von Schmerz kann dabei hilfreich sein, unterstützt sie doch häufig notwendige Veränderungsprozesse.

62
Wird der Patient in der Therapie dressiert?

DA: Was im Einzelnen in der Psychotherapie geschieht, hängt stark von der speziellen Richtung ab, aber auch vom einzelnen Patienten und Therapeuten. Therapie ist jedoch keinesfalls Unterricht oder »Training«, bei dem der Behandler dem Patienten einfach sagt, was dieser zu tun hat. Es geht nicht darum, Menschen auf »Norm« zu trimmen oder sie handsamer zu machen. Der Therapeut ist vielmehr ein Begleiter, ein Gefährte durch unwegsames Gelände. Der Patient selbst muss seinen Weg gehen. Der Therapeut wird ihn weder tragen können noch die für ihn relevanten Entscheidungen treffen. Ziel ist vielmehr, die Selbstverantwortung des Patienten zu stärken.

63
Hilft Psychotherapie überhaupt?

DA: Um es vorweg eindeutig zu sagen: Psychotherapie hilft bei depressiven Erkrankungen und vielen anderen psychischen Störungen. Das ist mit einer Vielzahl wissenschaftlicher Studien belegt. Sie führt dazu, dass die quälenden Beschwerden psychischer Störungen abnehmen und Menschen wieder in die Lage versetzt werden, ein selbstbestimmtes Leben zu führen. Allerdings kann Psychotherapie – zum Glück – einen Menschen nicht von Grund auf umkrempeln. Das ist auch gar nicht notwendig, denn die erfolgreiche Überwindung einer psychischen Erkrankung hängt meist nicht davon ab, dass sich plötzlich alles ändern müsste. Ein eher stiller und introvertierter Mensch wird auch nach einer Psychotherapie introvertiert bleiben. Gleiches gilt für einen eher zwanghaften und pedantischen Menschen. Wesentliche Eigenschaften und Charakterzüge werden durch Psychotherapie zwar akzentuiert und (hoffentlich positiv!) beeinflusst, bleiben aber in ihrer Grundlage erhalten.

64
Kann man »schlechte Gewohnheiten« wirklich verändern?

DA: Ob psychisch krank oder nicht, wir alle kennen das Problem, »schlechte Gewohnheiten« nicht ablegen zu können. Seien das noch so banale Sachen, wie der unordentliche Schreibtisch oder ständiges Zuspätkommen. Veränderung fällt schwer, und ob sich ein Mensch aus einer alten Gewohnheit befreien kann, hängt nicht zuletzt davon ab, wie stark der Leidensdruck in einer Sache ist. Wenn die Unordnung am Schreibtisch nicht mit offensichtlichen negativen Folgen verbunden ist, wird kaum Motivation für Veränderung entstehen. Meist gilt: Ohne deutlichen Leidensdruck gibt es keine Veränderungsmotivation. Dies gehört sicherlich zu den Hauptursachen, warum trotz aller eindringlichen Warnungen noch immer Millionen Menschen in Deutschland rauchen. Die verheerenden negativen Folgen (u.a. Lungenkrebs, Herz-Kreislauf-Erkrankungen, vorzeitiger Tod) sind für sie einfach nicht unmittelbar spürbar, die stimulierende Wirkung des inhalierten Nikotins setzt dagegen schon wenige Sekunden nach der Inhalation des Zigarettenrauchs ein. Dieser

Mechanismus findet sich bei allen Suchterkrankungen. Die kurzfristigen und unmittelbaren Vorteile des Zigarettenkonsums scheinen die langfristigen abstrakten und fernen Gesundheitsrisiken zu überwiegen. Veränderung würde immer erst dann eintreten, wenn es zunächst gelingt, Ambivalenz und Leidensdruck zu erzeugen. Aus »Ich rauche gern« müsste zunächst »Ich rauche, leider« werden. Dies wird z.B. durch Aufklärung über die Folgen des Rauchens, über »soziale Ächtung« und Konfrontation mit Lungenkrebspatienten versucht. Der erlebte Leidensdruck und die »Einsicht in die Notwendigkeit« müssen groß genug sein, um sich trotz der angenehmen Kurzzeitfolgen des Nikotins zu einem Leben ohne Zigaretten zu entschließen. Erst wenn eine Motivation zur Veränderung entstanden ist, können verschiedene Entwöhnungstechniken helfen. Die erste Zeit ohne Zigarette fällt dennoch fast immer schwer. Veränderung tut ein bisschen weh, egal ob psychisch krank oder nicht.

Was passiert mit schlechten Gewohnheiten in der Psychotherapie? Fast nie geht es in der Therapie darum, alles anders zu machen, sondern nach und nach zeigen sich immer deutlicher ganz bestimmte Themenfelder, wo ein anderes Verhalten oder eine andere Denkweise für den Patienten hilfreich wäre. Dabei geht es meist um konkrete Punkte, deren Veränderung – von außen betrachtet – eigentlich simpel erscheint. Eine 30-jährige Patientin von mir erkannte beispielsweise, wie ungünstig sich ihr Kommunikationsverhalten zu ihrer Mutter auf die eigene Depressivität auswirkte. Sie war nie in der Lage gewesen, sich abzugrenzen und sich gegenüber Kritik zu wehren, geschweige denn eigene Bedürfnisse oder auch negative Gefühle zu äußern. Die Mutter wusste einfach alles besser und »beriet« die Tochter selbst noch bei der Wahl der Nudelsorte. Obwohl die Patientin davon sehr genervt war, konnte sie sich doch lange nicht dazu durchringen, ihrer Mutter in irgendeinem Punkt Kontra zu geben. Zu groß war die Angst vor Zurechtweisung und Liebesentzug. Sie spürte eine deutliche Ambivalenz, endlich selbstbestimmter und eigenständig gegenüber der Mutter ihren eigenen Weg zu gehen, wollte aber auf der anderen Seite kein Risiko eingehen und Ärger mit der Mutter um jeden Preis vermeiden.

An ähnliche Punkte kommen Patienten im Laufe der Therapie fast immer: Sie erkennen eigenes problematisches Verhalten, manchmal auch einfach ungünstige Gewohnheiten und es fällt ihnen zunächst schwer, sich davon zu trennen. Hier geht es ihnen dann gar nicht so anders als dem Raucher, der gerne aufhören würde, es aber »irgendwie nicht schafft«. Diese so genannten »Gewohnheiten« oder Verhaltensmuster sind eben Teil ihres Lebens geworden und dienten oft jahrelang dazu, einen bestimmten Zustand aufrechtzuerhalten. Die Vorstellung, es plötzlich anders zu machen und dabei unabsehbare Folgen in Kauf zu nehmen, erscheint vielen zunächst als gefährlich. Hier ist es dann meine Aufgabe als Therapeut, die Unentschlossenheit und Ambivalenz der Patienten aufzuzeigen, aber auch auszuhalten. Es hilft nichts, Patienten zu etwas zu drängen, wofür sie noch nicht bereit sind. Wer sich nur aus Freundlichkeit oder auch aus Angst vor mir dazu hinreißen lässt, Dinge entgegen der eigenen Überzeugung durchzuführen, kann tatsächlich eine üble Bauchlandung erleiden. Im Gegenteil geht es in der Therapie ja gerade darum, die Selbstverantwortlichkeit zu stärken. Sehr häufig entscheiden sich Patienten nach einer Phase der Ambivalenz, Neues und Ungewohntes auszuprobieren. Als meine Patientin erstmals (mit Herzklopfen!) wagte, ihrer Mutter klar und unmissverständlich zu widersprechen, als diese ihr den eigenen Geschmack bei der Wahl der Wohnungseinrichtung aufzudrängen versuchte, durchbrach sie erstmals das alte Muster. Sicherlich führte dies zunächst zu einer Verunsicherung der Beziehung zwischen Mutter und Tochter. Mittelfristig verbesserte sich das Verhältnis jedoch und wurde »erwachsener«. Um einen trägen Stein ins Rollen zu bringen, braucht man einen starken ersten Impuls; ist er erst in Bewegung, geht später vieles leichter.

65
Welche Therapie sollte man machen?

DA: Eine gute! Möglichst die beste von allen! Aber bedauerlicherweise ist es unmöglich, eine pauschale Empfehlung zu geben, welche Therapie für einen speziellen Patienten am geeignetsten ist. Unter wissenschaftlichen Gesichtspunkten hat sich die Verhaltenstherapie als besonders effektiv zur Behandlung depressiver Störungen erwiesen. Über die Wirksamkeit von tiefenpsychologischen und psychoanalytischen Verfahren gibt es weniger »harte Daten«, was aber nicht heißt, dass diese Verfahren nicht auch sehr hilfreich sein können.

Die Verhaltenstherapie legt einen deutlicheren Schwerpunkt auf die Bewältigung gegenwärtiger Problemsituationen und versucht, dem Patienten konkrete Hilfestellung für deren Bewältigung zu leisten. Dabei kommen Übungen, Rollenspiele, Hausaufgaben und weitere Techniken zur Anwendung. Die Aufarbeitung von Ereignissen in sehr frühen Lebensphasen hat in der Verhaltenstherapie nur nachrangige Bedeutung. Tiefenpsychologische und psychoanalytische Therapie bezieht sich dagegen häufig weniger stark auf die aktuelle Lebenssituation, sondern versucht, grundsätzliche zugrunde liegende Aspekte zu bearbeiten, und legt einen besonderen Schwerpunkt auf die therapeutische Beziehung.

Für die Wahl der Therapie spielt neben der Therapierichtung vor allem die Passung zwischen Therapeut und Patient eine wichtige Rolle. Nur auf der Basis gegenseitigen Vertrauens lässt sich erfolgreich arbeiten. Wer sich von Anfang an bei einem Psychotherapeuten unwohl fühlt, der sollte ernsthaft überlegen, ob die Fortsetzung der Behandlung sinnvoll ist. Die wichtige Bedeutung dieses Beziehungsaspekts findet nicht zuletzt darin Ausdruck, dass den Patienten anfangs fünf »Probierstunden« (so genannte probatorische Sitzungen) zur Verfügung stehen, in denen sie für sich selbst erst einmal herausfinden können, inwiefern sie sich eine Behandlung beim Therapeuten vorstellen können. Erst mit der sechsten Stunde beginnen die genehmigungspflichtigen Leistungen. Ab diesem Zeitpunkt ist ein Therapeutenwechsel nur noch sehr schwer möglich.

66
Ist jeder Psychotherapeut gleich gut?

HR: Die Götter in Weiß sind entzaubert, die mit dem Bart und der runden Brille hinter der Couch leider noch nicht. Viele der niedergelassenen Therapeuten sind Einzelkämpfer, die in ihrem Tun nie wieder kontrolliert werden. Sie gehören gemäß ihrer Ausbildung und Überzeugung unterschiedlichen Schulen an, wobei das Spektrum vom Fundamentalisten Freud'scher Prägung bis zu dubiosen Vertretern der Beliebigkeitsschule »Wer heilt, hat Recht« reichen kann. Irgendwo in der Mitte dieser Melange arbeiten die seriösen Therapeuten, die auch das Label »gut« oder »sehr gut« verdienen. So wie nicht alle Zahnärzte, Proktologen oder Orthopäden gleich gut sind, so sind es auch die Psychotherapeuten nicht. Um es noch ein wenig zuzuspitzen, möchte ich auf die Chirurgen verweisen. Wer plötzlich auf einer Reise von Flensburg nach Garmisch am Blinddarm operiert werden muss, kann dies gefahrlos in jedem Kreiskrankenhaus, das über einen Chirurgen verfügt, über sich ergehen lassen. Er wird die Operation überleben, weil es aktuelle Standards über die verschiedenen Operationsmethoden gibt, denen sich kein Chirurg widersetzen wird. Ganz anders ist die Situation bei den Psychotherapeuten, weil sie erheblich größere Freiheitsgrade in der Behandlung psychischer Erkrankungen haben und ihr Interpretationsspielraum sehr viel größer ist. Umso schwieriger ist es im Einzelfall, den geeigneten Therapeuten zu finden, der das Prädikat »gut« auch wirklich verdient.

Ich persönlich betrachte einen Therapeuten dann als besonders geeignet, wenn er seine Kompetenz zuerst einmal frei von jedem Dünkel anbietet, wenn er nicht auf eine einzige Therapieschule fixiert ist und diese dem Kranken aufzwingen will. Er muss unbedingte Empathie für den vor ihm sitzenden Patienten empfinden und dieses Engagement auch äußern – sympathisch muss er nicht unbedingt sein, nur überzeugend in seinem Tun. Er muss das Gefühl von Effizienz und Zielorientiertheit in der Behandlung vermitteln, sollte einem anerkannten therapeutischen Netzwerk angehören und auch im Notfall verfügbar sein. Wenn er nur über diese wenigen Qualitätskriterien verfügt, wird er bei seinen Patienten und den einweisenden Hausärzten auch einen guten Namen haben.

67
Wie kann man Hoffnung und Freude vermitteln?

DA: Depressive Patienten, die in Therapie kommen, haben eines gemeinsam: Zu Beginn der Behandlung können sie sich in keiner Weise vorstellen, dass ihr quälender Zustand wieder besser wird. Genau das ist ja das Wesen der Depression: eine so abgrundtiefe Hoffnungslosigkeit, Pessimismus und Niedergeschlagenheit, dass die Vorstellung einer besseren Zukunft beim besten Willen nicht möglich ist. Daher versuche ich, den Patienten gerade zu Beginn der Therapie besonders viel Mut zu machen. Hat schon der Patient keine Hoffnung, so ist es umso wichtiger, für ihn stellvertretend die Überzeugung zu betonen, dass Freude und Lebensqualität wieder zurückkehren werden.

Wie kommt es, dass die meisten Patienten im Laufe der Psychotherapie irgendwann wieder aus der Depression auftauchen. Wird Freude und Hoffnung wieder »gelernt«? Hier den Begriff des Lernens anzuwenden, klingt sehr mechanistisch. Das hört sich fast danach an, als wolle man die Gesichtsmuskulatur trainieren, um wieder lächeln zu können. Die Lebensfreude wieder zu finden, geschieht auf anderem Wege. Die Möglichkeiten, das eigene Fühlen direkt zu beeinflussen, sind begrenzt. Zwar lindert manchmal Mitgefühl und Verständnis der anderen den Schmerz; auch können mitunter Medikamente besonders unangenehme Zustände erträglicher machen, auf der anderen Seite ist es aber kaum möglich, ein schlechtes Gefühl einfach »fortzuzaubern«. Selbst Gedanken (beispielsweise Hoffnungslosigkeit) sind nur sehr begrenzt in direkter Weise beeinflussbar.

Häufig kommt es Menschen so vor, als würde es »in ihnen« einfach denken. Sie möchten gar nicht so negativ und deprimiert sein; es gelingt ihnen aber einfach nicht, den ständigen Strom destruktiver Gedanken abzustellen. Im Rahmen der Verhaltenstherapie der Depression spielt daher das Handeln eine entscheidende Rolle. Wenn es schon nicht möglich ist, Gefühle und Gedanken einfach und effektiv zu ändern, so hat der Mensch doch die Freiheit, sich in seinem Verhalten für verschiedene Möglichkeiten zu entscheiden. Häufig zeigt sich, dass depressive Menschen viele Dinge tun, die dazu geeignet sind, das eigene Leiden eher aufrechtzuerhalten statt ihnen Linderung zu verschaffen: Sie verstricken sich in lange Grübeleien über die Herkunft ihrer Depression, sie ziehen sich von anderen zurück und sind viel zu häufig allein, sie stellen ihre sportlichen Aktivitäten ein und gehen nicht mehr ihren Hobbys und Freizeitbeschäftigungen nach. Sie zerbrechen sich über vermeintliche Lösungen den Kopf und versuchen auf diese Weise, »endlich aus der Depression herauszukommen«. Stattdessen aber geraten sie so nur immer tiefer in den depressiven Sumpf.

Eine hilfreiche Antwort auf Depression ist manchmal einfacher, als es zunächst erscheint: Weniger von dem zu tun, was schadet, und mehr von dem zu tun, was nützt. Statt der ständigen Versuchung des Grübelns zu erliegen, heißt das z.B.: unnötige Belastungen zu reduzieren, häufiger Nein zu sagen und Entscheidungen zu verschieben; auf der anderen Seite sich zu Aktivitäten zu entschließen, sich selbst Gutes zu tun (z.B. mit kleinen Gesten, Blumen, Büchern etc.) und auf diese Weise weiterhin aktiv dem Leben zu begegnen. Am Anfang fällt dies depressiven Menschen unendlich schwer. Wenn sie es allerdings – trotz all der Mühe – schaffen, ihre Tage wieder mit Tätigkeiten zu füllen, sportliche Aktivitäten aufzunehmen, bewusst Annehmlichkeiten in den Tag einzubauen, dann besteht in vielen Fällen eine gute Chance, dass sie wieder Boden unter den Füßen finden. Und dann – siehe da – stellt sich nach und nach auch oft ein lang vergessenes und doch vertrautes Gefühl wieder ein: Freude am Leben. In manchen Fällen dauert dies viele Wochen und Monate und erfordert von allen Seiten ein großes Maß an Geduld. Ist dieser Zustand erst erreicht, dann zeigt dies meist, dass die negative Abwärtsspirale gestoppt ist; vieles ergibt sich nun von selbst. Es ist mitunter erstaunlich, wie rasch eine Stabilisierung und ein Erstarken der Lebenskräfte eintreten, sobald ein Patient wieder in der Lage ist, die Resonanz in seinem eigenen Leben wahrzunehmen. Die düsteren Tage sind vorbei und Hoffnung stellt sich dann von selbst wieder ein. Freude und Hoffnung lassen sich also nicht erzwingen. Sie entstehen eher indirekt als Konsequenz aus vielen anderen Dingen und vor allem als Resultat veränderten Handelns. Dann ist es wie ein Wiederfinden von Altbekanntem.

68
Wann macht Psychotherapie abhängig?

DA: Dazu muss man zunächst kurz definieren, was eigentlich »Abhängigkeit« ist. Unter »Substanzmittelabhängigkeit« versteht man beispielsweise, dass es einen sehr starken Wunsch gibt, bestimmte Mittel (z.B. Drogen oder Alkohol) zu konsumieren, dass die Kontrollfähigkeit vermindert ist und es bei Beendigung des Konsums zu Entzugserscheinungen kommt. Zudem ist häufig beobachtbar, dass immer höhere Dosen des Mittels benötigt werden, um die erwünschte Wirkung zu erzielen, dass es zu einer fortschreitenden Vernachlässigung anderer Lebensbereiche kommt und dass trotz eindeutiger gesundheitlicher Schäden der Substanzkonsum weiter betrieben wird.

Versuchen wir, diese Kriterien auf Psychotherapie anzuwenden, dann kann ganz klar gesagt werden, dass in der großen Mehrzahl der Fälle keine Abhängigkeit stattfindet. Psychotherapie ist in aller Regel ein von vornherein zeitlich begrenztes und klar definiertes Geschehen, in dem eine temporäre intensive Beziehung zustande kommt. Diese kann auch mit starken Gefühlen verbunden sein, deren Beendigung mitunter Traurigkeit beim Patienten (und manchmal auch beim Therapeuten) hinterlässt, ohne dass aber auch nur ansatzweise davon gesprochen werden könnte, dass es zu einer Form der Abhängigkeit gekommen wäre. Die psychotherapeutische Situation ist sicherlich sehr exklusiv: Man erzählt einem Menschen sehr viele seiner privatesten und vielleicht sogar intimsten Gedanken, das Gegenüber ist ganz darauf eingestellt zuzuhören, zu unterstützen und in bestimmten Lebensbereichen Hilfestellung zu leisten. Allein die Erfahrung, dass da jemand sitzt, dem man einfach erzählen kann, ohne schlimme Konsequenzen fürchten zu müssen, und der sein Verständnis signalisiert (auch wenn Probleme dadurch noch nicht gelöst sind!), tut den meisten Patienten sehr gut. In meiner Erfahrung laufen Therapien oft so ab, dass zwischenzeitlich bei einigen Patienten der Eindruck entsteht, dass der Therapeut zu einem überaus wichtigen Gesprächspartner geworden sei, ohne den man sich das Leben zunächst einmal nicht mehr vorstellen möchte. Dies ist vor allem in den sehr veränderungsintensiven Phasen der Therapie der Fall, wenn Patienten beginnen, für sich selbst neue Dinge auszuprobieren, die mitunter unerwartete Folgen mit sich bringen.

Häufig kommt es beispielsweise im Rahmen von Psychotherapien zu einer Neuorientierung in Bezug auf die eigenen Eltern oder die Partnerschaft. Viele emotional intensive Prozesse können in Gang gesetzt werden, und zu diesem Zeitpunkt brauchen die Patienten ganz besonders stark die Gewissheit eines verlässlichen Gegenübers, mit dem sie alle diese Dinge besprechen können. Kommt es im Laufe der Therapie zu einer Stabilisierung und Konsolidierung der veränderten Lebensbereiche, nimmt die Bedeutung der Patienten-Therapeuten-Beziehung allmählich ab. Ich selbst habe immer wieder die Beobachtung gemacht, dass es ein Zeichen einer erfolgreich verlaufenden Therapie sein kann, wenn die einzelnen Sitzungen nicht mehr von vielen bewegenden und manchmal sogar dramatischen Episoden geprägt sind, sondern mitunter Ruhe, ja fast sogar Langeweile aufzutreten scheint. Eine Wegstrecke wurde gemeinsam gegangen, der Therapeut hatte dabei sicherlich eine wichtige Funktion, nun nähert sich die gemeinsame Arbeit dem Ende und das wird auch in der Beziehungsdynamik zwischen Therapeut und Patient spürbar. Auch wenn dann der Abschied und die letzte Stunde manchmal schwer fallen und sich viele Patienten gerne rückversichern, ob sie im Notfall nicht doch noch ein- oder zweimal kommen könnten, gelingt in den allermeisten Fällen eine gute Beendigung der Therapie.

Allerdings gibt es natürlich auch hier wieder Ausnahmen. Ich erinnere mich an eine 21-jährige Patientin, deren Behandlung ich vor vielen Jahren übernahm. Sie litt unter verschiedenen

Waschzwängen und einer Depression, die sie lethargisch und antriebslos machte. In der Therapie zeigte sie sich aber von Anfang an interessiert und schien mir motiviert, ihre Situation zu verändern. Über viele Wochen beteuerte sie ihren Willen, ihr Leben nun anders anzugehen, und ich fühlte mich bestärkt von so viel Engagement. Offensichtlich bewunderte sie mich und das gefiel mir. Egal welche Vorschläge ich ihr machte, zeigte sich die Patientin offen und einverstanden. Als es aber schließlich darum ging, selbstständig Veränderungen im eigenen Leben umzusetzen, ohne immer die schützende Hand des Therapeuten neben sich zu spüren, war die ganze Arbeit mit einem Mal blockiert. Ich fühlte mich wie vor den Kopf gestoßen, denn ich verstand nicht, warum plötzlich sogar Rückschritte in Bereichen erfolgten, die die Patientin in meinen Augen schon längst bewältigt hatte. Im Laufe der Zeit stellte sich immer mehr heraus, dass das Engagement der Patientin nicht Ausdruck eigener Veränderungsmotivation war, sondern vor allem vom Wunsch herrührte, es dem Therapeuten recht zu machen. Sie hatte sich in der Therapie in ein Muster von Abhängigkeit geflüchtet, das ihr auch sonst in ihrem Leben immer wieder begegnet war, denn sie litt unter einer abhängigen Persönlichkeitsstörung, die ich damals als junger Therapeut allerdings erst nach vielen Wochen Therapie als solche erkannte. Ihre Lebensstrategie bestand darin, sich immer wieder an Menschen dranzuhängen, die ihr Halt und Orientierung gaben. Sie weigerte sich hartnäckig, autonomer zu werden und selbst Verantwortung für das eigene Leben zu übernehmen. Diese Patientin entwickelte tatsächlich vorübergehend eine Abhängigkeit von mir. Ich wurde Teil eines schon lange bestehenden Musters: Sie baute mich in ihr System ein und ersetzte auf diese Weise andere Menschen, die früher an meiner Stelle gewesen waren.

Treten solche Entwicklungen in der Therapie auf, dann ist es wichtig, sie immer wieder gemeinsam mit dem Patienten zu thematisieren und ihnen entgegenzuwirken. Oft nimmt dann die

Behandlung eine neue und positive Richtung. Manchmal scheitert eine solche Therapie aber auch frühzeitig. Im Zweifelsfall ist das allerdings die bessere Lösung als eine lange, von Abhängigkeit geprägte Beziehung, die dem Patienten langfristig nicht hilft, mit sich und der Welt besser zurechtzukommen.

HR: Ich sehe zwei entscheidende Mechanismen, die den Patienten von seiner Therapie und damit von seinem Therapeuten abhängig machen können – unerfüllte erotische Phantasien oder sexuelle Sehnsüchte klammere ich aus, weil es diese Form der Abhängigkeit in allen Klientenkonstellationen geben kann. Gefährlich für eine Patienten-Therapeuten-Beziehung wird es immer dann, wenn der Patient von seiner Behandlung Wirkungen erwartet, die der Therapeut gar nicht bieten kann. Das mag der Wunsch nach Persönlichkeitsveränderung sein, im Sinne von irrealer Ich-Stärkung bis hin zum Größenwahn, oder umgekehrt das Verharrenwollen in der beschützten Situation der Therapie, also das Verweigern eigener Lebensverantwortung – das Kind will nicht erwachsen werden. Es kann der Mangel an Alternativen sein oder die Fixierung auf diesen einen faszinierenden und daher unverzichtbar scheinenden Gesprächspartner. Und dann gibt es noch den fatalen Sog in die emotionale Abhängigkeit, weil der Patient seinen Therapeuten in dessen Wichtigkeit als Heiler nicht enttäuschen mag, indem er sich selbst als gesund empfindet und die Therapie von sich aus beenden möchte. Wird er an diesem Akt der wiedererlangten personalen Selbstständigkeit und Verantwortung gehindert – hier reichen feinste Wortnuancierungen, die ein Beleidigtsein signalisieren, eine plötzlich als abweisend empfundene Körpersprache oder die Verweigerung oder Verzögerung weiterer Gesprächstermine –, bleibt er in der Abhängigkeit.

In den beschriebenen Konstellationen hat der Patient noch nicht das notwendige Selbstwertgefühl entwickelt, das ihn auch wieder zu autonomem Handeln befähigt. Er wird aber an diesem Scheideweg – Festhalten an der Therapie oder Akzeptanz des eigenen Ich – den Grad seiner Labilität spüren und sich prüfen müssen, ob er wirklich schon ins Leben zurückkehren kann und will oder nicht. Rücksichtnahme gegenüber dem Therapeuten ist kein Argument. Abhängigkeit des Patienten dem behandelnden Arzt oder Therapeuten gegenüber ist von außen eine leicht zu durchschauende Situation, für den Betroffenen selbst birgt sie manchmal ein schier unauflösbares Konfliktpotenzial. Wenn der Therapeut nicht selbst an dieser Stelle den Weg in die Eigenverantwortung des Patienten unterstützt, handelt er verantwortungslos. Den Kunstfehler des Chirurgen, der das falsche Bein amputiert hat, kann der Patient rechtlich belangen, der Kunstfehler des Psychotherapeuten ist ungleich schwerer nachzuweisen. Und es gibt noch einen Unterschied: Der Patient im Krankenhaus, dem die Gallenblase entfernt wurde, wird nach wenigen Tagen genesen, die Krankenkasse übernimmt die Kosten – und er wird nach Hause entlassen. Wenn er sich besonders gut behandelt gefühlt hat, lässt er es den Operateur und dessen Mannschaft wissen, und im besten Falle übergibt er aus Dankbarkeit ein großzügiges Geschenk an die Abteilung, die ihn so gut versorgt hat. Damit ist die Patienten-Arzt-Beziehung dann auch beendet.

Das Verhältnis des Depressiven zu seinem Therapeuten ist ein sehr viel persönlicheres, das oft über eine lange Zeit reicht. Aber auch eine solche Behandlung muss irgendwann ein Ende finden. Darauf sollten Patient und Arzt von Anfang an hinarbeiten, damit das Gefühl von Abhängigkeit später gar nicht erst entsteht.

Versucht auf der einen Seite der Patient – bewusst oder unbewusst – das therapeutische Geschehen in die Abhängigkeit zu steuern, so gibt es leider auch eine solche Manipulation auf Seiten der Therapeuten. Anfangs haben sie es bei dem depressiven Patienten mit einem äußerst geschwächten, seines Willens nahezu beraubten und verzweifelten Gegenüber zu tun. Das Kräfteverhältnis ist eindeutig und der Patient erhofft sich von seinem Therapeuten große Autorität im Umgang mit dieser rätselhaften Krankheit und begibt sich anfangs ganz und gar in dessen Hände. Ein solcher Zustand kann Monate, aber auch Jahre dauern. So mancher Therapeut genießt diese Macht und lässt den Patienten bewusst in einem Abhängigkeitsverhältnis, das für den Kranken häufig entwürdigend ist – nur wehren kann er sich nicht. Schließlich ist der Therapeut seine einzig verbliebene Stütze. Dass ein derartiges therapeutisches Verhalten gegen jeden ethischen Kodex verstößt, ist selbstverständlich. Und doch gibt es diese Fälle, in denen Patient und Therapeut nicht voneinander loskommen. Die Hauptverantwortung für ein derartiges Abhängigkeitsverhältnis trägt der Therapeut. Kunstfehler dieser Art aber werden nur selten aufgedeckt. Und manchmal verheilen die so entstandenen Narben auf der Seele des Patienten nie.

69
Warum hilft Psychotherapie manchen nicht?

DA: Die Ursache dafür kann sehr vielfältig sein. Manchmal ist eine Therapie für einen Patienten nicht das Richtige. Einige wollen sich einfach nicht auf Selbstreflektion und Therapie einlassen und tatsächlich muss nicht jeder Patient eine Psychotherapie machen, um die depressive Phase zu bewältigen.

Zudem ist nicht jede Psychotherapieform für jeden Patienten gleich gut geeignet. Für einige Patienten ist beispielsweise die sehr strukturierte und übungsbetonte Verhaltenstherapie die reinste Zumutung. Sie möchten keine Protokolle ausfüllen, Rollenspiele mit Videofeedback machen oder Verstärkerpläne umsetzen. Versucht ein Therapeut dem Patienten sein Therapieverständnis einfach überzustülpen, dann drohen Behandlungen daran zu scheitern. Tatsächlich habe ich immer wieder Patienten erlebt, die schon allein dadurch profitierten, dass ein Gegenüber als Zuhörer bereitstand, der dazu beitrug, bestimmte Problembereiche zu ordnen und zu sortieren. Auch wenn ich mich in diesen Therapien manchmal etwas passiv, vielleicht sogar überflüssig empfand, versicherten mir die Patienten später, wie wichtig für sie diese teilnehmende und gleichzeitig zurückhaltende Art des Zuhörens gewesen sei.

Andere Patienten wiederum erwarten (zu Recht!) einen aktiven Therapeuten und können am besten dadurch profitieren, dass sie z.B. im Rahmen von Rollenspielen neues Verhalten ausprobieren, zwischen den Therapiesitzungen üben und sich auf die Anwendung des Gelernten konzentrieren. Sicherlich ist Psychotherapie nicht einfach ein Wunschkonzert, sondern der Therapeut hat eine klare Vorstellung von seinem eigenen Vorgehen. Auf der anderen Seite ist dennoch der Patient das Maß der Dinge und nur diejenigen Therapieschritte sind sinnvoll, zu denen der Einzelne auch bereit ist. Hierbei sind auch kulturelle Aspekte bedeutsam: Z.B. sind Patienten mit Migrationshintergrund in anderen kulturellen und religiösen Traditionen verwurzelt. Eine Therapie, die das nicht berücksichtigt, kann dem Patienten kaum gerecht werden.

Neben der Persönlichkeit des Therapeuten und der Passung zwischen Patient und Methode spielt sicherlich auch die Art der zugrunde liegenden Erkrankung eine wesentliche Rolle. Leidet ein Mensch an fortgeschrittenem Morbus Alzheimer, dann ist der Effekt eines Gedächtnistrainings auch dann begrenzt, wenn die Methode an sich ausgezeichnet ist und die Arzt-Therapeuten-Beziehung als tragfähig gelten darf. Gleiches gilt bei Persönlichkeitsveränderungen, die beispielsweise von chronischer Epilepsie, fortgeschrittener multipler Sklerose oder schweren Schädel-Hirn-Traumen herrühren. Bei einem bestimmten Ausmaß hirnorganischer Schädigung sind die Möglichkeiten psychotherapeutischer Intervention leider begrenzt. Ähnliche Erfahrungen gibt es manchmal auch bei Depression: Wenn die Schwere der Erkrankung so groß ist, dass Kontakt und Gespräch kaum möglich sind und der Patient buchstäblich nicht erreicht wird. Er wirkt wie erstarrt und gelähmt und scheint völlig in einer eigenen Welt abgetaucht zu sein. Manchmal gelingt es mit Geduld, durch diese Mauer des Schweigens und der Einsamkeit durchzudringen. In anderen Fällen erweist es sich als schier aussichtslos. Alle Interventionen und Vorschläge, die beispielsweise auf Aktivierung, Entlastung, Strukturierung usw. abzielen, laufen ins Leere. Der Patient lässt zwar vieles mit sich geschehen, aber es erreicht ihn nicht. In diesen Fällen kann mitunter eine initiale medikamentöse Therapie die notwendige Grundlage für eine weitere psychotherapeutische Behandlung bilden. Erst wenn der Patient wieder zu grundsätzlicher Mitarbeit in der Lage ist und sich wieder mit einem Gegenüber auseinander setzen kann, scheint Therapie aussichtsreich.

Nicht zuletzt gibt es auch manchmal den Fall, dass ein Patient offensichtlich gern in die Therapie kommt, die therapeutische Beziehung intakt ist, eine ausreichende Bereitschaft zur Mitarbeit besteht und damit zunächst alle Voraussetzungen erfüllt scheinen für eine erfolgreiche Behandlung. Eine nachhaltige Besserung stellt sich jedoch nicht ein. In diesen Fällen kann es sein, dass die depressiven Symptome und damit verbundene Verhaltensweisen einen wichtigen stabilisierenden Faktor für das gesamte Lebenssystem des Patienten bilden. Manchmal zeigt sich beispielsweise, dass eine Erkrankung innerhalb von Familien zu einem starken Zusammenhalt und einer eindeutigen Rollenverteilung führt, die das Leben (zumindest kurzfristig) für die Mitglieder des Systems einfacher erscheinen lassen.

Ich habe beispielsweise latent auseinanderfallende Familien erlebt, in denen die Erkrankung der Mutter dazu beitrug, dass die erwachsenen Kinder endlich wieder engen Kontakt mit dem Elternhaus aufnahmen und der Ehemann sich nach Jahren der Interesselosigkeit nun vermehrt um seine Frau kümmerte. Hatte es zuvor zahlreiche Auseinandersetzungen zwischen den Partnern gegeben und ein Zerfall der Familie gedroht, so führte nun die Depression paradoxerweise zu einer Verstärkung der Verbundenheit der verschiedenen Familienmitglieder. In diesem Fall spricht man auch manchmal von »Krankheitsgewinn«, was mir aber insofern problematisch erscheint, als dieser Begriff suggeriert, dass hier jemand mit Absicht seine Erkrankung kultiviert, um seine eigenen Interessen durchzusetzen. Auf bewusster Ebene ist dies meiner Erfahrung nach nie der Fall. Dennoch ist es im Rahmen jeder Behandlung sinnvoll, darauf zu achten, welche Funktion die Erkrankung für das Familiensystem hat und welche Kräfte eine Veränderung (und somit Besserung) erschweren könnten. Übersieht man derartige Aspekte, so kann die Behandlung für den Therapeuten überaus frustrierend verlaufen. Wird die Bedeutung der Funktion der Symptomatik dagegen thematisiert, bestehen weiterhin gute Chancen auf eine erfolgreiche Therapie. Angst vor Veränderung und »Widerstand« sind normal. Eine vorübergehende Ambivalenz zwischen dem Wunsch nach Veränderung und der Angst davor bedeutet nicht, dass ein Patient unmotiviert wäre oder von einer Therapie nicht profitieren könnte.

PATIENT UND THERAPEUT – THERAPEUT UND PATIENT

70
Was erwartet der Kranke von seinem Arzt oder Therapeuten?

HR: Trotz unseres in manchen Bereichen in seiner Qualität bedrohten Gesundheitssystems, in dem der Patient schon lange nicht mehr ganz unvoreingenommen die wichtigste Rolle spielt, hat er dennoch meist sehr eindeutige Erwartungen, was seine Behandlung angeht. Aber gilt das auch für den Kranken, der unter Depressionen leidet? Nein, wer Depressionen hat, erwartet nichts. Er hofft nur und ersehnt inständig, dass er von seinem Arzt oder Therapeuten schnelle und wirksame Hilfe bekommt, die sein Leiden abmildert und ihn kurzfristig vom Druck der Verzweiflung, der Angst und der Hoffnungslosigkeit befreit. Wer dagegen als Nicht-Depressiver Auskünfte zur Behandlung seiner Erkrankung erbittet und diese nicht befriedigend erhält, wird einen Weg finden, seinen Unmut zu äußern, er wird das Erwartete einfordern – oder den Arzt nie wieder aufsuchen. Der nicht erfüllten, heute so selbstverständlichen Haltung des Patienten antwortet das aktive Handeln, während dem Depressiven zur Durchsetzung seiner Wünsche meist die Kraft fehlt – er fügt sich ermattet und enttäuscht in seine scheinbare Ausweglosigkeit.

Erst wenn der Krankheitsschub überwunden ist, wird der Patient in der Lage sein, das zu formulieren, was er eigentlich als Behandlung ersehnt und im tiefsten Inneren auch erwartet hatte.

Durch die Erfahrung des Krankheitsgeschehens gestärkt, wird er später bilanzieren, wie sehr seine eigentlichen Erwartungen in der Not der Depression nicht wahrgenommen wurden, wie sich seine Hilflosigkeit und Verzweiflung hinzogen, ohne dass aus seiner Sicht nachvollziehbare Behandlungsschritte erfolgt sind – und nicht die Zeit die eigentliche therapeutische Hilfe war. Das klingt pessimistisch, ist aber die von vielen in ihrer Hoffnung enttäuschten Patienten formulierte Beobachtung. Und welche Erwartungen resultieren aus dieser Erfahrung? Der Patient wünscht sich nichts mehr als eine ähnlich effiziente Behandlung, wie sie bei Kranken erfolgt, die eine akute Blinddarmentzündung haben: kurzfristige Untersuchung, eindeutige Diagnose und eine schnelle, optimale Versorgung, also in der Regel eine sofortige Operation. Eine solche Effizienz vermissen die meisten psychisch Kranken, die unter Depressionen leiden. Und da die therapeutische Versorgung depressiver Menschen statistisch immer schlechter ausfällt – einer zunehmenden Zahl von Patienten steht eine abnehmende Zahl von Therapeuten und Ärzten gegenüber –, wird sich an diesem Zustand vermutlich in naher Zukunft auch wenig ändern. Und dabei könnte die Leidenszeit vieler Depressiver dramatisch verkürzt werden, wenn sie nicht allein Monate in Ratlosigkeit auf einen ersten Behandlungstermin warten müssten. Haben sie dann endlich Gelegenheit, einem Therapeuten oder Arzt gegenüberzusitzen, ist die Hoffnung auf eine schnelle und erfolgreiche Therapie in einer Weise übersteigert, dass niemand eine solche erfüllen kann – weder der Arzt mit seinem Behandlungskonzept noch der Patient in seiner Ungeduld. Zwischen dem Auftreten der ersten Symptome und dem Arztgespräch sollte daher nur wenig Zeit verstreichen. Und auch die Einschätzung des Patienten und der Schweregrad seiner Erkrankung hat kurzfristig zu erfolgen, begleitet von einem Behandlungsplan und einer etwaigen kalkulierten Behandlungsdauer, auf die sich der Kranke perspektivisch einstellen kann. Mit Ehrlichkeit und Wahrheit können Patienten besser umgehen als mit einem undurchsichtigen Schwebezustand, in dem sie sich mit ihren Sorgen und Ängsten allein gelassen fühlen. Kurz: All das sind Erwartungen eines mündigen Patienten, die eigentlich inzwischen längst selbstverständlich sein sollten. Nur weil sich depressive Menschen nicht wirklich gegen manchmal unhaltbare Versorgungsbedingungen wehren können, erfolgt eine Wandlung zum Besseren so enttäuschend zögerlich.

71
Was macht die Begegnung mit dem Therapeuten und dem Psychiater häufig so frustrierend?

HR: Seit die »Götter in Weiß« auf breiter Front entthront sind, hat sich auch ihr Verhalten den Patienten gegenüber grundlegend geändert. Der Absolutismus hat der Demokratisierung auch im sprachlichen Umgang Platz machen müssen. Wer als Arzt gegen diesen Kodex verstößt, macht sich lächerlich. Autorität zeigt sich heute anders als noch vor einer Generation. Das gilt auch für die Psychiater und Psychotherapeuten, die ihre ganze Kompetenz mit großem Engagement in Kliniken und Praxen zum Wohle der Kranken einsetzen. Patienten, die auf ein solches Selbstverständnis angebotener Empathie stoßen, werden niemals über das Gefühl von Frustration im Umgang mit ihrem therapeutischen Gegenüber klagen. Es muss aber auch erwähnt werden, dass noch immer so mancher Therapeut das gängige Klischee der Berufsgruppe bedient, das sich in bewusster Anders- und Fremdartigkeit sowie einer inszenierten Distanz zum Patienten gefällt. Hilfsbedürftige Kranke spüren, dass dieser Wunsch nach Abstand ihnen nicht gut tut, er ist ihnen unheimlich, weil sie die so ersehnte und erbetene Empathie vermissen. Sie wollen keine übertriebene Nähe oder gar Kumpelhaftigkeit, sie wollen sich nur ernst genommen und in ihrer Krankheit angenommen fühlen. Da ist es dann häufig für sie befremdend, wenn sie auf ihre nahe liegenden und drängenden Fragen keine wirklichen Entgegnungen bekommen, dass vielmehr ein Behandlungssetting gepflegt wird, in dem der Therapeut möglichst wenig sagt und schon gar keine Antworten oder gar Empfehlungen gibt. Darüber hinaus ist eine tiefsinnig grübelnde Blickfixierung des Psychiaters auch nicht gerade eine vertrauensbildende Maßnahme, sondern setzt eher auf Unnahbarkeit und Distanz. Kein Wunder, dass viele Patienten in einer solchen Behandlungssituation das Gefühl haben, im Wortsinne bis in die Tiefe ihrer Seele durchleuchtet zu werden, ohne aber zu erfahren, was denn eigentlich der Therapeut auf dem Röntgenbild dieser Seele sieht. Dass die scheinbare geistige Ferne des Therapeuten vielmehr Zeichen höchster Aufmerksamkeit und Konzentration ist, erschließt sich vielen Patienten nicht. Auch pflegen Therapeuten in Diktion und Körpersprache gern den Habitus des Besonderen: Sie allein sind es, die der Zerbrechlichkeit des Ichs wieder Stabilität verleihen können – jenseits der internistischen oder chirurgischen Kunst.

Zur Rätselhaftigkeit der Krankheit Depression gesellt sich nahezu komplizenhaft das Auftreten manches Therapeuten – uneindeutig, undurchschaubar, distanziert und in der Wahrnehmung des Kranken auch unentschlossen. Eine einzige Sprachwendung, die zum Standardrepertoire zählt und ihr habituelles Dilemma treffend charakterisiert, ist die in jedwedem Zusammenhang eingesetzte Formulierung: »ein Stück weit«. Natürlich ist dies eine sprachliche Modeerscheinung, die sich auch wieder verflüchtigt, wenn sie sich irgendwann selbst entlarvt. Aber auffällig ist eine solche sprachliche Zögerlichkeit schon und sie scheint mir damit zu korrelieren, dass sich Psychiatrie und Psychotherapie auf einem noch immer unsicheren und äußerst weit verzweigten Pfad bewegen. Das spüren die Patienten und entsprechend verhalten ist ihr Vertrauen in das, was in der jeweiligen Behandlungssituation geschieht. Der Kranke erwartet in der bedrohlichen Lage, in der er sich in der Depression erlebt, vor allem Klarheit und Eindeutigkeit, er erhofft sich tatkräftigen Beistand, Schutz und Unterstützung in seinem kräftezehrenden Bemühen um die eigene seelische Stabilität. Alle dekorativen Schleier dagegen, die Therapeuten um ihre Profession weben, erleben die Patienten als befremdend, verunsichernd und einschüchternd. Kein Wunder, dass die Klischees in der Psychiatrie immer wieder zur willkommenen Zielscheibe der Karikaturisten werden.

72
Weiß der Behandler wirklich um den Seelenzustand des depressiv Erkrankten?

UH: Bei leichteren Depressionen glaube ich schon, dass ein empathischer Arzt/Therapeut in der Lage ist, basierend auf eigenen Erlebnissen auf den Seelenzustand seines Patienten zu schließen. Bei sehr schweren Depressionen ist das Erleben aber in einer Weise verändert, die für den Gesunden nur begrenzt nachempfindbar ist. Wenn sich zwei Menschen unterhalten, die schwere depressive Episoden erlebt haben, so stellt sich oft ein tieferes Einverständnis ein, da beide die Seelenzustände einer schweren Depression erlebt haben und spüren, dass der andere weiß, wovon die Rede ist. Gerade in Selbsthilfegruppen können deswegen depressiv Erkrankte auf tieferes Verständnis stoßen.

Auch wenn zum Arztbild gerade eines Psychiaters oder Psychotherapeuten das tief gehende Verständnis für die Sorgen und Seelenzustände seines Patienten gehört, ist dieses nicht unbedingt Voraussetzung für eine erfolgreiche Behandlung. Bei respektvoller, von Wohlwollen und Fürsorge getragener Haltung gegenüber dem Patienten kann eine Behandlung auch erfolgreich durchgeführt werden, ohne dass sich der Arzt oder Therapeut in den Patienten hineinversetzen kann. Entscheidend ist, dass der Patient seinen Arzt/Psychotherapeuten als kompetent und vertrauenswürdig erlebt.

73
Wie findet man für sich den richtigen Therapeuten?

DA: Ob es der »Richtige« ist, weiß man manchmal erst danach. Tatsächlich geschieht die Wahl eines Psychotherapeuten letztendlich vor allem unter pragmatischen Gesichtspunkten: Wer steht überhaupt zur Verfügung und hat in absehbarer Zeit freie Therapieplätze? Zudem übernehmen die gesetzlichen Kassen nur dann die Finanzierung der Behandlung, wenn der Psychotherapeut eine Kassenzulassung hat. Psychologische Beratung oder Therapien bei Psychotherapeuten nach dem Heilpraktikergesetz werden von den gesetzlichen Kassen grundsätzlich nicht erstattet. Listen mit den Kassenpsychotherapeuten erhält man über die Kassenärztliche Vereinigung. (Jedes Bundesland hat eine eigene kassenärztliche Vereinigung. Auf den Internetseiten sind jeweils Adressen von Psychotherapeuten mit Kassenzulassung zu ermitteln. Im Zweifelsfall kann man aber auch bei der Kassenärztlichen Vereinigung oder bei der eigenen Krankenkasse direkt anrufen und entsprechende Informationen erfragen. Andere Verzeichnisse sind leider in der Regel sehr unvollständig.)

Bei Privatversicherten empfiehlt es sich, noch vor Beginn der Therapie genauere Informationen bezüglich der Kostenübernahme einzuholen.

Sicherlich gibt es – wie auch in allen anderen Disziplinen – qualitative Unterschiede zwischen verschiedenen Psychotherapeuten. Auf der anderen Seite ist aber nicht immer klar, für welchen Patienten welcher Therapeut am geeignetsten ist. Daher sind auch Empfehlungen anderer oft wenig hilfreich. Grundsätzlich kann man sagen, dass alle psychologischen und ärztlichen Psychotherapeuten in Deutschland über eine fundierte und langjährige Ausbildung verfügen. Sie arbeiten mit genau beschreibbaren und vielfach erprobten Techniken. Auf der anderen Seite beeinflusst die Persönlichkeit des Therapeuten selbst die Qualität seiner Arbeit stärker, als dies bei anderen Berufen der Fall ist. Bei einem Bäcker ist es wenig relevant, ob er ein eher ruhiger und introvertierter Zeitgenosse ist oder das Brot besonders vehement in den Ofen schiebt. Es ist auch egal, ob der Bäcker an den eigenen Vater erinnert oder nicht. Das Rezept ist das Entscheidende.

Bei der Psychotherapie ist das Rezept nur ein kleiner Teil. Das Wesentliche findet in der Beziehung zwischen Patient und Therapeut statt. Unabhängig vom Grad der Erfahrung (die sicherlich ebenfalls Einfluss auf die Qualität hat) und von der Güte der Zusatzqualifikation kann es also sein, dass ganz unspezifische und nicht immer leicht zu deutende Faktoren Einfluss auf das Gelingen der Therapie nehmen. Findet der Therapeut die richtige Sprache? Stimmt die »Chemie«? Finden beide eine gemeinsame Ebene, die Öffnung und Vertrauen zulässt? Noch weitere Aspekte können eine Rolle spielen: Manche Patienten profitieren beispielsweise besser von einem aktiven Therapeuten. Andere wiederum bräuchten eher ein Gegenüber, das sich selbst stärker zurücknimmt, geduldiger ist und selbst weniger Impulse setzt. Auch die Frage des Geschlechts kann eine Rolle spielen. Spontan favorisieren männliche Patienten häufig Therapeutinnen. Auf der anderen Seite habe ich die Erfahrung gemacht, dass manche Männer in der Therapie gerade von der interpersonellen Auseinandersetzung mit einem männlichen Therapeuten profitieren. Der Verlauf und nicht zuletzt auch die Qualität der Therapie werden von solchen Entscheidungen mit beeinflusst. Andererseits muss betont werden, dass bei der Wahl eines Therapeuten und einer Therapieform einfach nicht alle Eventualitäten berücksichtigt werden können. Es kann daher nur empfohlen werden, sich auf das eigene Gefühl im Rahmen der ersten fünf probatorischen Sitzungen zu verlassen und dann frühzeitig eine Entscheidung zum Weitermachen oder Abbrechen zu treffen. Meiner Erfahrung nach ist zwischen den meisten Therapeuten und Patienten eine konstruktive und gute Zusammenarbeit möglich. Im Ausnahmefall allerdings kann es sinnvoll sein, bereits frühzeitig die Notbremse zu ziehen und sich nach einem anderen Psychotherapeuten umzusehen.

74
Warum reden Therapeuten so »anders«?

DA: Troubadix ist Barde und lebt mit Asterix, Obelix und vielen anderen Helden in einem gallischen Dorf zur Zeit der römischen Besatzung. Am liebsten möchte Troubadix bei jeder noch so kleinen Gelegenheit für die anderen musizieren, ein kleines Ständchen darbringen und so die Welt an seiner Musik teilhaben lassen. Das einzige Problem besteht darin, dass die anderen seine Kunst unerträglich finden. Sie halten sich die Ohren zu, und selbst die Wildschweine fliehen in Panik, wenn er seine Leier klingen lässt. Folglich wird er von den anderen immer wieder mit rabiater Gewalt am Singen gehindert. Man knebelt ihn und freut sich des Lebens ohne seine Musik. Auf der anderen Seite gibt es aber auch immer wieder Episoden in den Abenteuern von Asterix, wo genau diesem Troubadix eine wichtige Rolle zukommt und er gar zur Rettung beiträgt. Eigentlich müsste Troubadix nur wissen, wann seine Darbietungen hilfreich sind, und sich ansonsten in Enthaltsamkeit üben. Dann wäre er ein anerkannter beliebter Mann. Aber das fällt ihm unendlich schwer.

Steckt möglicherweise auch in manchem Therapeuten ein kleiner Troubadix? Sie singen zwar nicht, aber nutzen sie ihre therapeutischen Worte in falscher Umgebung, dann bringen sie es zu ähnlich unheilvoller Wirkung.

Zum Glück reden nicht alle Therapeuten gleich und keineswegs lässt sich deren Kommunikationsverhalten einfach über einen Kamm scheren. Manches hängt auch von der zugrunde liegenden Therapieschule ab: Während sich heute Patient und Therapeut meist gegenübersitzen, liegt in der klassischen Psychoanalyse der Patient auf der Couch, während der Analytiker hinter ihm sitzt. Hier wird ganz bewusst auf Blickkontakt verzichtet und der Patient soll so darin unterstützt werden, seine Wahrnehmung ganz auf sich selbst zu richten. Der Analytiker greift nur selten in das Geschehen direkt ein; es ist meist der Patient, der spricht. So können manchmal auch sehr lange Gesprächspausen entstehen, wenn der Patient nichts sagt und der Analytiker seinerseits abwartet.

In der Verhaltenstherapie ist die Verständigung einer »normalen« Unterhaltung sehr viel ähnlicher. Man sitzt sich gegenüber und redet. Aber auch hier gibt es klare Unterschiede zu alltäglichen Gesprächen mit Freunden. Im Gespräch mit Freunden und Bekannten bestimmen viele unausgesprochene Regeln, was gesagt wird und was nicht. Wenn beispielsweise jemand erzählt, er sei »momentan irgendwie immer gestresst«, dann drücken wir unser Mitgefühl aus und erteilen nett gemeinte Ratschläge. »Musst dich mal richtig ausruhen; du arbeitest halt zu viel.« Ein Therapeut würde dagegen anfangen, ganz genau nachzufragen. »Welches Gefühl ist damit konkret verbunden? In welchen Situationen tritt es genau auf? Wie sind die beteiligten Gedanken? Wie ist die Situation genau entstanden? Woher kennst du vergleichbare Zustände? Bitte versuche dir jetzt die Situation noch mal genau vorzustellen und berichte sie mir in der Gegenwartsform ... etc.« In aller Regel würde das den Rahmen eines Gesprächs mit einem Bekannten völlig sprengen. Wenn ich so bei meinen Freunden sprechen würde, wäre dies höchst seltsam und zu Recht würden sie sich derartige Fragen verbitten. Man hat doch nur mal ein wenig klagen wollen und ersehnte sich Mitgefühl. Aber doch keine Analyse der Situation! »Willst du mich jetzt therapieren oder was?« Eben nicht! Würde ich meiner Familie und meinen Freunden in dieser Weise »therapeutisch« begegnen, dann würde man mich, ähnlich dem unheilvollen Troubadix, bald nur noch mit dem Nudelholz hinterm Rücken erwarten, um mich schnellstmöglich zum Schweigen zu bringen. Selbstverständlich kann es besondere Situationen geben, wo es auch bei Freunden hilfreich ist, auf seine therapeutischen Fähigkeiten zurückgreifen zu können. Dies ist allerdings eine seltene Ausnahme. Versucht ein Therapeut, Freunde und Familienangehörige zu therapieren, dann ist dies fast immer das Ende einer unbeschwerten, gleichberechtigten Beziehung, denn mit seiner Art des Nachfragens erhebt er sich auch über den anderen. Er dringt in sehr persönliche Bereiche ein, ohne sich selbst in vergleichbarer Weise zu zeigen. Es gilt: Ein Therapeut ist kein Freund und ein Freund kein Therapeut!

Ganz anders sieht die Gesprächssituation in der Psychotherapie aus. Hierher kommt der Patient, weil er etwas anderes sucht als alltäglichen Smalltalk. Hier soll Troubadix singen! Es gibt auch keine freundschaftlichen Konventionen, die das Stellen von unangenehmen Fragen schwer machen. Man darf über sehr viel mehr sprechen, als man sich bei einem anderen Menschen trauen würde. Der Therapeut hört zu, hinterfragt und fordert heraus. Es ist ein professionelles und hilfreiches Gespräch, aus dem keine Freundschaft oder Verpflichtung erwächst. Hier, und nur hier sind wirklich die Qualitäten von Troubadix gefragt. Hier leistet therapeutische Gesprächsführung tatsächlich ihren Beitrag zum guten Gelingen. In anderen Situationen sollte Troubadix lernen, sich zurückzuhalten.

75
Warum empfindet der Patient den Therapeuten häufig als manipulativ?

HR: Die Frage zielt auf die Empfindung des Patienten ab, sie impliziert nicht den Vorwurf, dass der Therapeut tatsächlich manipuliert. Warum sollte er? Und: Er darf es nicht. Vergegenwärtigen wir uns die Situation des Patienten, der unter Depressionen leidet und sich einer Behandlung unterziehen muss. Die Krankheit hat ihn von seinen vertrauten Konturen entblößt, er ist plötzlich schwach, hilflos, verzweifelt und ohne Perspektive, gleichsam nackt. Das Gegenüber dagegen stellt das personifizierte Leben dar – welche Konfrontation, welche Erniedrigung für den depressiven Menschen, der, seiner intellektuellen Waffen und seiner Emotionen beraubt, sich hilflos ausgeliefert glaubt.

Die Sensibilität des Patienten ist in dieser zeitlich so begrenzten und in seinen Erwartungen viel zu kurzen Behandlungssituation auf das Äußerste angespannt. Jede Nuancierung in Sprache und Gestik des Therapeuten wird in bedeutungsvollen Bezug zum eigenen Handeln – und vor allem dem eigenen Schweigen – gesetzt. Jede Bemerkung wird als Handlungsanweisung gedeutet, aber gerade das Handeln ist dem Patienten in der Depression verwehrt. Welche Demütigung auch hier. Wird der Patient dann auch noch mit der eigenen Lebenssituation und Lebensweise konfrontiert, die seiner Genesung aus Sicht des einfühlsamen Therapeuten entgegensteht, dann wird auch ein solcher Therapieansatz bereits als manipulativer Eingriff in das eigene Leben empfunden. Der Depressive erträgt in der Krankheitsphase keine noch so konstruktive Kritik, er fühlt sich vielmehr bedroht, weil seine Kapazitäten, Forderungen von außen zu erfüllen, erschöpft sind. Dies ist die Talsohle der Therapie. Geht es dann irgendwann wieder bergauf, kann die »Manipulation« des Patienten gar nicht eindeutig genug ausfallen. Jetzt wird jede Geste des Therapeuten als Stimulus verstanden.

Kurz: Ist das Verhältnis von Therapeut zu Patient von wirklicher Empathie geprägt, dann wird sich eines Tages der Patient in Dankbarkeit an das Phänomen »Manipulation in der Therapie« erinnern – und an seine eigene Fehlinterpretation. Psychotherapie wirkt genauso wie Medikation: Die Dosis entscheidet über Wirkung oder Misserfolg. Psychotherapeuten wissen, dass sie genau auf diesem schmalen Grat an ihrer Professionalität gemessen werden.

76
Will der Therapeut überhaupt, dass der Kranke gesund wird?

DA: Selbstverständlich wünscht sich ein Psychotherapeut, dass es seinen Patienten besser geht! Auch für den Therapeuten selbst ist es wichtig, immer wieder Erfolgserlebnisse in der eigenen beruflichen Tätigkeit zu erleben, und dazu gehört es, beobachten zu können, wie Patienten von der Therapie profitieren, die quälenden Symptome nachlassen und ein selbstbestimmteres Leben wieder möglich wird. Gesundheit ist dabei allerdings ein relativer Begriff. Bei einer Vielzahl von psychisch kranken Menschen zeigen sich auch nach einer erfolgreichen Therapie in manchen Lebensbereichen noch Einschränkungen. Ein Patient mit Angststörungen, der weder U-Bahn noch Bus fahren kann und sich vor jeder Art von Menschenansammlung fürchtet, wird durch eine Therapie in die Lage versetzt, mit diesen schwierigen Situationen wieder viel besser zurechtzukommen und sich ihnen auszusetzen, anstatt sie dauerhaft zu vermeiden. Eine drastische Abnahme der Angst ist dabei beobachtbar. Trotzdem wird für manchen auch nach (erfolgreicher) Behandlung das Warten in der Supermarktschlange oder das dicht gedrängte Stehen im Aufzug weiterhin als sehr unangenehm erlebt. Kann man dann von »Gesundung« sprechen?

Ich persönlich vermeide die Begriffe »Gesundheit« und »Krankheit«, weil sich in vielen Einzelfällen ein fließender Übergang zwischen diesen beiden Polen zeigt. Sehr häufig kommt es dabei auch auf die Definition des Patienten selbst an. Auch wenn ich als Therapeut der Ansicht bin, dass in manchen Bereichen bei einem Patienten noch keine Gesundung eingetreten ist, so ist doch das Entscheidende, wie der Patient selbst die Fortschritte beurteilt. So kann es vorkommen, dass ich als Therapeut finde, dass ein Patient sich allzu schnell mit einem bestimmten Ergebnis zufrieden gibt, ohne »wirklich ans Eingemachte« gegangen zu sein. In der Regel ist es nicht sinnvoll, hier beim Patienten auf weiterer Therapie zu insistieren. Selbstverständlich kann man ihm die eigene Sicht der Dinge darlegen, letztendlich ist es aber allein seine Entscheidung, welche Problembereiche er angeht und welche nicht. Wenn er der Ansicht ist, dass der erreichte Zustand für ihn mit Gesundheit gleichzusetzen ist, warum sollte ich als Therapeut dann dem widersprechen?

In meiner Arbeit mit Patienten steht daher mehr im Vordergrund, dass Patienten wieder »Ja« zu sich selbst und ihrem Leben sagen können. Das heißt nicht automatisch, dass damit alle Probleme und Schwierigkeiten mit einem Schlag beseitigt sein müssten. Im Gegenteil: Gerade das Akzeptieren und Anerkennen von unlösbaren Schwierigkeiten gehört auch zur Persönlichkeitsentwicklung im Rahmen einer Psychotherapie dazu.

Aber auch der andere Fall ist möglich: Ich als Therapeut habe den Eindruck, ein Patient hätte von einer Therapie bereits sehr gut profitiert, während er selbst meint, er müsse sich noch viel mehr verändern. Auch hier gilt: Der Patient hat Recht. Wenn er mit sich und dem Ergebnis nicht zufrieden ist, dann ist es unzulässig, dass der Therapeut seinerseits das Behandlungsergebnis schönredet. Wenn ich selbst bei meinen Patienten keine Ansätze für weitere sinnvolle Arbeit sehe und mit meinem »Latein am Ende« bin, dann teile ich dies dem Patienten auch offen mit. Dabei betone ich, dass das keineswegs heißt, dass die Arbeit mit einem anderen Therapeuten nicht möglicherweise noch weiter führen könnte. Dann ist es manchmal das Beste für den Patienten, den Therapeuten und vielleicht auch die Therapieform zu wechseln und mit Hilfe eines anderen »Begleiters« den Weg aus der Depression oder einer anderen psychischen Erkrankung fortzusetzen. Denn das Ziel heißt immer ganz klar: Der Patient soll mit sich und seinem Leben im Einklang sein.

ALTERNATIVER UMGANG MIT DER KRANKHEIT

77

Gibt es noch andere Strategien zur Eigentherapie?

UH: Menschen mit leichteren Depressionen oder nach Abklingen schwererer depressiver Episoden ist es sehr zu empfehlen, sich intensiv darüber Gedanken zu machen, wie sie zu ihrer Genesung selbst beitragen oder Rückfälle verhindern können. Hilfreich ist hier, sich selbst möglichst sorgfältig über die Erkrankung und ihre Behandlung zu informieren. Die Teilnahme an einer Selbsthilfegruppe ist eine Gelegenheit, von den Erfahrungen anderer zu lernen und Unterstützung durch Betroffene zu erhalten. Wenn vermeidbare oder veränderbare Lebenssituationen wie chronische Überforderung als mögliche Auslöser depressiver Episoden eine Rolle spielen könnten, so sollte man sich Zeit nehmen und sich über die wichtigen und weniger wichtigen Dinge und Perspektiven des eigenen Lebens Gedanken machen. Was ist mir wirklich wichtig im Leben? Wie trage ich selbst zu Überforderung, Vernachlässigung wichtiger Lebensbereiche oder anderen Fehlentwicklungen bei? Wo und wie ließe sich ganz konkret etwas ändern? Oft haben schon scheinbar kleine Veränderungen weit reichende Folgen. Gelingt es, regelmäßigen Sport, z.B. zweimal wöchentlich 20 Minuten zu joggen, in den Lebensrhythmus einzubauen, so kann dies mit besserer körperlicher Fitness, Erfolgserlebnissen, dem Gefühl, wieder mehr

Kontrolle über das eigene Leben zu gewinnen, und letztendlich mit einer antidepressiven Wirkung einhergehen. Für andere mag die bewusste Pflege von Freundschaften oder familiärer Aktivitäten eine segensreiche Veränderung sein. Zunehmend gibt es auch Manuale, die Betroffenen Anleitungen zum »Selbstmanagement« an die Hand geben. Diese basieren meist auf Elementen, wie sie auch in der kognitiven Verhaltenstherapie üblich sind, wie z.B. dem Aufstellen von Tagesplänen mit einem ausgewogenen Anteil an Pflichten und angenehmen Tätigkeiten, dem Führen eines Tagebuchs, Entspannungstechniken und das Unterbrechen negativer Denkroutinen.

78
Schützt Religion vor Depression?

DA: Sind religiöse Menschen besser dagegen gefeit, in den Strudel der Depression gerissen zu werden? Bewahrt sie der Glaube vor der Erfahrung grenzenloser Hoffnungslosigkeit? Die alttestamentarische Geschichte von Hiob liefert eine ergreifende Schilderung, wie ein frommer Mann in die Niederungen schlimmster Verzweiflung hinabsteigt.

Hiob ist ein gottesfürchtiger rechtschaffener Mann, der – wenn man so sagen will – eine glänzende Karriere gemacht hat. Er besitzt siebentausend Schafe und dreitausend Kamele, fünfhundert Rinder und jede Menge Knechte und Mägde. Darüber hinaus ist er Vater von sieben Söhnen und drei Töchtern. Dieser erfolgreiche Mann wird nun aufs Härteste in seiner Gottesgläubigkeit geprüft. Sein Vieh wird gestohlen, die Knechte werden getötet und all seine Kinder sterben bei einem Unglück. Er selbst wird von schrecklichen Krankheiten heimgesucht, die ihn entstellen und erniedrigen. Lange Zeit erträgt er tapfer sein Schicksal, bis schließlich doch die bittere Klage aus ihm hervorbricht. Anfangs war er noch voller Zuversicht und Hoffnung gewesen, nun hat er all seine Kraft verloren. Er kann sich nicht abfinden mit seinem Elend. Zu groß sind Schmerz und Verzweiflung. Hiob klagt Gott an, er verflucht den Tag seiner Geburt und sein ganzes Leben: »Warum bin ich nicht umgekommen, als ich aus dem Mutterleib kam?« Er fühlt sich gestraft und ist aufgebracht. Er hadert mit seinem Gott und versteht die Welt nicht mehr. Seine Freunde, deren Verständnis und Liebe er nun so dringend bräuchte, begreifen nichts von dem, was Hiob widerfährt. Anstatt Trost zu spenden, belehren sie den Leidenden: Er werde eben etwas ausgefressen haben, denn zufällig strafe Gott niemanden. Sogar seine Frau stellt sich gegen ihn, und so ist Hiob am Boden zerstört. Er ist einsam, ohne Hoffnung und möchte am liebsten sterben.

Offensichtlich schützt Hiob sein Glaube nicht davor, in Verzweiflung zu stürzen. Im Gegenteil: Statt Trost erlebt er Bitterkeit und erhebt Klage gegen Gott. Und doch ist er nicht in Depression gefangen, sondern er versucht mit Gott »im Gespräch« zu bleiben. All das schützt ihn dennoch nicht vor der Erfahrung tiefsten Schmerzes.

Wenn der Glaube schon nicht vor tiefster Verzweiflung bewahren kann, wie soll er dann vor Depression schützen? Bei meiner Arbeit mit gläubigen Patienten habe ich immer wieder festgestellt, dass viele in der Zeit der Depression vorübergehend den Zugang zum Glauben verlieren. Einige quält das sehr: Sie fühlen sich bestraft und verstehen nicht, was ihnen geschieht. Dann wird die Religion zu einem weiteren Lebensbereich, in dem sie sich schlecht und wertlos fühlen. »Was mache ich nur falsch, dass Gott mich so straft?« Hiob sucht in scheinbar hoffnungsloser Lage die Auseinandersetzung mit Gott, bis dieser sich schließlich zeigt. Er kann sich mit Gott versöhnen. Anders als bei Hiob findet der depressive Mensch nur selten die Kraft zu einer intensiven religiösen Auseinandersetzung, solange die

Krankheit andauert. Meist kann erst nach der Depression versucht werden, das Erfahrene zu verstehen und einzuordnen. Auf der anderen Seite habe ich auch erlebt, dass depressive Menschen Erleichterung und Trost spüren, wenn sie von anderen ins Gebet eingeschlossen werden. Ist die Depression vorüber, findet der Mensch meist zurück zu seiner Spiritualität. Auch hier gilt wie so oft bei Depression: Geduld!

79
Wurde die Wirkung von Religion auf Krankheiten auch wissenschaftlich untersucht?

UH: Einige Studien weisen darauf hin, eine generelle Antwort ist aber nicht einfach, selbst wenn man sich nur auf die christliche Religion beschränkt und andere Religionen oder Formen der Spiritualität ausklammert. Es gibt Hinweise, dass eine in einer engen Gemeinschaft praktizierte Religiosität hinsichtlich Depressionen protektiv wirken kann. Dies könnte aber nicht an der Religion an sich, sondern an dem damit verbundenen engen sozialen Netz liegen. Umgekehrt gibt es aber auch einzelne Hinweise, dass Menschen mit starker Religiosität nicht seltener, sondern sogar häufiger depressiv sind. Erklärungen dafür wären, dass die hohen moralischen Anforderungen und damit einhergehenden Schuldgefühle ungünstig wirken oder dass Menschen mit psychischen Problemen häufiger die Geborgenheit und den Trost der Kirche suchen. Interessant ist eine Studie mit über 300 depressiven Patienten. Die Patienten, die sich als religiös bezeichneten, hatten deutlich weniger Suizidversuche in der Vorgeschichte und Suizide in der Verwandtschaft als Patienten ohne religiöse Bindung. Immer wieder haben mir auch Patienten berichtet, dass es ihr tiefer christlicher Glaube war, der sie von einer Verzweiflungstat zurückgehalten hat.

Interessant ist in diesem Zusammenhang vielleicht, dass in den USA seit Amtsantritt von George W. Bush 2,3 Millionen Dollar für Studien bereitgestellt wurden, die sich mit der heilenden Kraft von Gebeten beschäftigen. Anfang 2006 ist in einer anerkannten wissenschaftlichen Zeitschrift eine große Studie der Harvard Medical School veröffentlicht worden, in der geprüft wurde, ob Patienten nach einer Herzoperation (Bypass-Operation) einen besseren Krankheitsverlauf haben, wenn andere, fremde Menschen für sie beten. Über 1 800 Patienten hatten an dieser methodisch anspruchsvollen und teuren Studie teilgenommen. Mönche und Nonnen in zwei Klöstern und Angehörige eines Gebetsseminars legten die Fürbitten bei Gott ein. Das Ergebnis war ernüchternd. Es kam bei den Patienten, für die gebetet wurde, ebenso häufig zu Komplikationen wie bei den anderen Patienten. Bei der Untergruppe, die darüber informiert worden war, dass für sie gebetet wurde, waren Komplikationen sogar etwas häufiger.

Selbst in unserer verwissenschaftlichten westlichen Welt: Wer hätte nicht im Innersten ein anderes Ergebnis erhofft? Skeptiker, die diese Studien von vornherein für Humbug und Geldverschwendung gehalten hatten, sahen sich bestätigt. Gläubige Menschen werden sich auch weiterhin mit Fürbitten an Gott wenden und dem Kommentar eines Theologen zustimmen: »Ich habe erfahren, dass Gott unsere Gebete erhört, aber ich habe es noch nicht erlebt, dass er bei einem Test mitmacht.«

80
Wie helfen Homöopathie und Naturheilverfahren?

UH: Homöopathie und Naturheilverfahren sind Beispiele für alternative Behandlungsangebote, die von vielen Betroffenen im Vergleich zur medikamenten- und apparatelastig wahrgenommenen »Schulmedizin« als sanfter erlebt werden und, insbesondere wenn die Schulmedizin nicht zu einem befriedigenden Erfolg führt, zusätzlich in Anspruch genommen werden. Da im Rahmen dieser Behandlungen Hoffnung vermittelt wird, Zuwendung erfolgt und manchmal auch spirituelle Bedürfnisse befriedigt werden, kann es gerade bei leichteren Depressionen zu Besserungen kommen. Dass diese Behandlungen einen über diese Mechanismen hinausgehenden eigenständigen Behandlungseffekt haben, ist allerdings nicht belegt. Der Effekt dürfte bei einem Großteil dieser Verfahren im Wesentlichen einem Placeboeffekt entsprechen. So zeigte eine groß angelegte Studie zu Akupunktur, dass dieses Verfahren bei unterschiedlichen Erkrankungen mit Schmerzen zu Besserungen führt. Ernüchternd ist aber, dass diese Besserung genauso groß ist, wenn die Nadeln in die der Theorie nach wirksamen Punkte oder zufällig irgendwohin gesetzt wurden. Offensichtlich entfaltet mehr die gesamte Zeremonie als eine gezielte Beeinflussung vermuteter, über Meridiane laufender Kräfte die therapeutische Wirkung. Da aber die Größe derartiger unspezifischer Placeboeffekte, die gerade von Naturheilverfahren geschickter als von der Schulmedizin genutzt werden, nicht zu unterschätzen sind und mit wenig Nebenwirkungen zu rechnen ist, ist es nicht sinnvoll, diese Verfahren mit dem wissenschaftlichen Argument des fehlenden strengen Wirksamkeitsnachweises völlig zu verwerfen. Problematisch ist jedoch, wenn sich Patienten mit schweren Depressionen alleine auf derartige alternative Behandlungen verlassen.

81
Welche Erfahrungen gibt es mit »Stimmungsaufhellern« wie Alkohol oder Haschisch?

UH: Alkohol führt zu Entspannung, Sorgen und Ängste treten in den Hintergrund, sozialer Druck fällt von einem ab und die Stimmung kann euphorisch werden. Gerade wegen der angstlösenden Wirkung des Alkohols, die nicht unähnlich der des Valiums ist, greifen viele Menschen zu Alkohol und geraten so in eine Abhängigkeit. Das Problem ist, dass es rasch zu einer abklingenden Alkoholwirkung kommt und dann in überschießender Weise Ängste, Spannungen und Sorgen wieder in den Vordergrund treten. Ich selbst wache nach dem Konsum von einigen Bieren oder mehreren Gläsern Wein in der Nacht regelmäßig in den frühen Morgenstunden mit negativen Gedanken auf. Diese drehen sich häufig um die vorangegangene Festivität, häufig nach dem Motto: »O Gott, was hast du gestern für einen Blödsinn erzählt, das ist ja peinlich!« Dies sind typische depressive Gedankenfiguren mit Schuldgefühlen. Ich versuche dann immer möglichst schnell wieder einzuschlafen, mit dem beruhigenden Wissen, dass ich das Ganze dann am Morgen beim Aufstehen nicht mehr so tragisch sehen werde. Ich kann hier am eigenen Leibe spüren, wie die euphorisierende Wirkung des Alkohols einer späteren depressionsähnlichen Missgestimmtheit mit der Neigung zu Schuldgefühlen weicht.

Bezüglich Haschisch ist vor allem gut belegt, dass chronischer Konsum bei empfindlichen Menschen schizophrene Erkrankungen auslösen kann. Ob chronischer Haschischkonsum überzufällig häufig mit depressiven Erkrankungen einhergeht, ist meines Wissens bisher nicht ausreichend untersucht.

82
Sind Sport, Lachen oder positives Denken nahe liegende Rezepte gegen Depression?

HR: Auch wenn die genannten »Rezepte« inzwischen einen eigenen Therapiestatus erreicht haben, so sind sie zuerst einmal vollkommen wirkungslos. Wer unter Depressionen leidet, hat weder die Kraft, aktiv und ausdauernd Sport zu treiben, noch ist er in der Lage, freudig zu lachen oder gar positiv zu denken. Außerdem wird der Patient die Wirksamkeit der angebotenen Therapie zuerst einmal anzweifeln, weil diese mit seiner krankheitsbedingt verneinenden Lebenshaltung nicht in Einklang zu bringen ist. Wird dagegen ein genau definiertes Sportprogramm im Rahmen einer kognitiven Verhaltenstherapie einbezogen, dann wird der Patient unter Anleitung und Erfolgskontrolle irgendwann erleben, dass die Arbeit am eigenen Körper einen – wenn auch anfangs nur geringen – positiven Effekt hat. Wer sein Laufprogramm bewältigt, spürt, dass er über physische Ressourcen verfügt, die sich ausbauen lassen. Es sind diese kleinen Erfolgserlebnisse, die sich irgendwann zu einer seelischen Stabilität zumindest während der sportlichen Aktivität verdichten und dazu beitragen, das Selbstwertgefühl ganz langsam wieder aufzubauen. Sich selbst positiv zu erleben, muss der Patient ja erst wieder lernen. Das gilt auch für das positive Denken, das unter Anleitung des Therapeuten als Denken in Alternativen erst einmal erneut als Verhaltensvariante akzeptiert werden muss. Wer über längere Zeit das eigene Leben nur mit Negativaspekten in Verbindung bringt, verlernt irgendwann, ein Problem auch einmal von verschiedenen Seiten aus zu betrachten – und wird feststellen, dass man Fragestellungen sowohl negativ als auch positiv angehen kann.

Ähnlich verhält es sich mit dem Lachen. Lachen ist eine zutiefst positive emotionale Reaktion, über die nur der Mensch verfügt. Sie ist Ausdruck ungeschützter Entspanntheit, die der Volksmund treffend mit: »Er konnte sich vor Lachen gar nicht halten!« beschreibt. Wer ausgelassen lacht, verliert auch einmal die Kontrolle über sich, ist vollkommen entspannt und für den Moment aller Sorgen enthoben. Lachen ist ein untrüglicher Indikator des Wohlbefindens und damit eher Zeichen überwundener Krankheit und weniger therapeutisches Werkzeug. Aber es kann für den Kranken sehr hilfreich sein, wenn er daran erinnert wird, dass krank sein und lachen sich nicht ausschließen. Für alle drei Rezepte gilt daher die Aufforderung an den Patienten, in der passenden Situation auch wieder einmal den Mut zum Sport, zum Lachen und zum positiv Denken aufzubringen. Hier ist das situative therapeutische Fingerspitzengefühl gefragt. Ein falsches Wort kann dagegen den Behandlungserfolg schnell zunichte machen. Der Umgang mit den scheinbar so nahe liegenden Rezepten ist daher mit äußerster Vorsicht zu behandeln – vor allem, wenn sich Angehörige zum »Therapeuten« berufen fühlen.

UH: Ich kenne viele Betroffene, die berichten, dass regelmäßiger Sport ihnen hilft, die Depression in Schach zu halten. Auch einige Studien legen nahe, dass regelmäßiger Sport eine antidepressive und rückfallverhütende Wirkung hat, obwohl aus methodischen Gründen ein strenger Wirksamkeitsnachweis schwer zu erbringen ist. Durch Sport wird Stress abgebaut und das Gefühl stellt sich ein, das eigene Leben wieder selbst in die Hand genommen zu haben. Interessant ist übrigens, dass eine neuere Studie gezeigt hat, dass mindestens zweimal wöchentlicher Sport auch das Risiko, im höheren Alter eine Alzheimer-Demenz zu entwickeln, deutlich reduziert.

Lachen ist etwas Faszinierendes, ein spezifisch menschlicher Reflex. Ich halte Lachen für einen Schutzreflex, der uns in wunderbarer Weise über die Untiefen unserer Existenz hinweghilft. Wenn man genau hinschaut, so merkt man, dass man aus Freude vielleicht lächelt, aber nicht lacht. Lächeln hat häufig auch eine soziale Funktion, es deutet unsere friedlichen Absichten an. Das laute, reflexartige Lachen dagegen tritt eher in Situationen auf, die uns mit den grotesken Seiten unserer Existenz direkt oder indirekt konfrontieren. Wenn der wunderbare Buster Keaton mit seinen Bemühungen immer wieder und wieder an den Tücken und der Unerbittlichkeit der Welt scheitert, wenn im Konferenzsaal einer mit dem Stuhl nach hinten umkippt, wenn ein Affe durch menschenähnliches Verhalten uns den Spiegel vorhält, wenn die Logik oder Semantik einen Salto schlägt, d.h. wenn unsere Erwartungsroutinen mit völlig Unerwartetem konfrontiert werden oder sich selbst in den Schwanz beißen, dann bricht das Lachen aus uns heraus. Lachen macht zwar Freude, ist aber nicht Reaktion auf Erfreuliches. Etwas pathetisch formuliert: Das Lachen schützt uns Menschen vor dem ernsthaften Blick auf das Unerklärliche, Unsichere und Groteske unserer Existenz. Insofern ist das Lachenkönnen in jedem Fall ein gutes Zeichen, der Schutzreflex funktioniert und das Verschwinden des Lachens kann eine depressive Episode ankündigen oder kennzeichnen. Ob über bewusstes und intendiertes Lachen antidepressive Effekte erzielt werden können, darüber bin ich mir nicht im Klaren.

Positives Denken ist als Empfehlung für depressiv Erkrankte zu platt. Vielmehr geht es darum, negative Denkroutinen, die sich im Rahmen depressiver Episoden einstellen, zu erkennen und durch realitätsgerechtere Gedanken zu ersetzen. Diese Methodik ist ja anderweitig schon genau dargestellt worden.

DEPRESSION IN DER LEBENSSPANNE

83
Gibt es Depression schon bei Kindern?

DA: Früher hat man geglaubt, dass bei Kindern keine Depressionen auftreten können. Man war davon ausgegangen, dass eine gewisse Persönlichkeitsreife Voraussetzung war, um überhaupt an Depressionen erkranken zu können. Inzwischen hat sich hier die Meinung der Fachwelt grundlegend geändert. Bereits bei Vorschulkindern wird eine Depressionsrate von bis zu einem Prozent geschätzt, im Grundschulalter von ein bis zwei Prozent. Allerdings variieren je nach Alter die Symptome der Depression deutlich. Im Kleinkindalter kann sich eine Depression beispielsweise durch ein ausdrucksarmes Gesicht, allgemein erhöhte Reizbarkeit und ein gestörtes Essverhalten ausdrücken. Beobachtbar sind auch Schlafstörungen, reduzierte Kreativität und Ausdauer, allgemeine Spielunlust und ein trauriger Gesamteindruck. Im Vorschulalter wird die mangelnde Fähigkeit sich zu freuen deutlicher. Die Kinder zeigen dann oft ein introvertiertes Verhalten, sind mitunter aber auch aggressiv. Auffällig sind eine Stimmungslabilität sowie verminderte Gestik und Mimik. Während depressive Kleinkinder und Kindergartenkinder kaum in der Lage sind, selbst zu verbalisieren, wie es ihnen geht, und die Depression vor allem durch die Veränderung ihres Verhaltens und ihres emotionalen Ausdrucks erschlossen werden kann, berichten Schulkinder von sich aus über Traurigkeit. Häufig sind es Befürchtungen, von den Eltern nicht genügend beachtet zu werden. Schulleistungsstörungen, aber mitunter auch beginnendes dissoziales Verhalten (z.B. unmotivierte Aggression gegen Klassenkameraden) sind mitunter beobachtbar. Auch suizidale Gedanken treten hier erstmals auf. Erst ab der Pubertät entwickelt sich ein depressives Syndrom, wie wir es auch von erwachsenen Patienten kennen. Hier dominieren häufig vermindertes Selbstvertrauen, Antriebsarmut, Angst und Konzentrationsschwierigkeiten. Das Leistungsvermögen ist stark eingeschränkt und die Betroffenen neigen zu Gereiztheit. Typisch sind starker sozialer Rückzug, aber auch psychosomatische Beschwerden (beispielsweise Bauchschmerzen, Kopfschmerzen etc.).

In jedem Lebensalter sind vorübergehende Phasen von Traurigkeit oder Anspannung normal. In den meisten Fällen verbirgt sich dahinter keine Depression. Eine genaue Diagnosestellung ist allerdings meist nur durch Fachleute möglich. Sehr oft treten Depressionen auch in Kombination mit anderen psychischen Störungen auf (z.B. Essstörungen und Angststörungen). Wer sich also ernsthaft Sorgen macht und den Eindruck hat, das eigene Kind habe sich über einen längeren Zeitraum hinweg deutlich verändert, ohne dass es einen ganz klar erkennbaren äußeren Grund dafür gäbe (z.B. Scheidungssituation der Eltern), dem sei geraten, über diese Problematik gegebenenfalls mit dem Kinderarzt, einem Kinder- und Jugendpsychiater oder einem Kinder- und Jugendpsychotherapeuten zu sprechen. Während bei einem erwachsenen Menschen die Diagnosestellung vor allem über das Gespräch mit dem Patienten erfolgen kann, ist vor allem bei jüngeren Kindern die Beobachtung von Spielverhalten, Essverhalten, Schlafverhalten und Leistungsfähigkeit besonders wichtig. Darüber hinaus kommen spezifische Tests zur Anwendung, um eine sichere Diagnose stellen zu können.

84

Wie unterscheide ich »normales« Verhalten eines Teenagers von depressiven Symptomen?

DA: Die Unterscheidung zwischen einer adoleszenten Krise, die sich im Bereich des »Normalen« befindet, und einer Depression ist bei Jugendlichen oft nicht einfach. Die Adoleszenz ist für den heranwachsenden Menschen mit so viel unterschiedlichen Entwicklungsaufgaben verbunden, dass es fast unumgänglich ist, dass hierbei auch Schwierigkeiten auftreten. Ab dem Alter von zwölf bis dreizehn Jahren gewinnt die Frage nach der eigenen Identität zunehmend an Bedeutung. Der eigene Körper verändert sich, die Heranwachsenden werden sich eigener sexueller Empfindungen bewusst und sind auf der Suche nach einer neuen Rolle. Die Gleichaltrigen (Peers) werden nun zu den wichtigsten Verbündeten. Eltern, aber auch andere Erwachsene können oft kaum in diesen engen Zirkel eindringen. Bei der Frage »Wer bin ich?« geht es auch immer darum, sich von der eigenen Familie, den Eltern und Geschwistern abzugrenzen. Man möchte einzigartig sein und doch auch unbedingt »dazugehören«. Vieles, was bisher selbstverständlich war, gilt plötzlich nicht mehr.

Für Eltern ist das oft ein Schock, denn die Kinder, die doch »noch gestern« auf ihrem Schoß saßen, grenzen sich nun aktiv ab, sind gereizt, unzugänglich und anstrengend. Die Kleidungsgewohnheiten verändern sich manchmal dramatisch, die mit den Eltern gemeinsam verbrachte Zeit wird immer geringer. Zu alldem sind die Pubertierenden oft auch noch schweigsam, übellaunig, abwertend und verletzend. Das Bedürfnis nach Abgrenzung fördert nicht selten ein Verhalten zutage, das in auffälliger Weise familiären Grundprinzipien widerspricht. So kann es z.B. gerade bei Kindern erfolgreicher und ehrgeiziger Eltern geschehen, dass der Jugendliche in seiner pubertären Opposition dem elterlichen Prinzip von Aktivität, Disziplin und Leistungsbereitschaft ein scheinbar undiszipliniertes, verschlafenes und passives Verhalten entgegensetzt. In der Regel sind das nur vorübergehende Phasen, bis eine Stabilisierung eintritt. Dennoch sind die Eltern natürlich beunruhigt, wenn das eigene Kind ständig »rumhängt«, kaum mehr mit ihnen spricht und sich in allem genervt und gelangweilt zeigt. In der Minderzahl verbirgt sich hinter derartigen Symptomen tatsächlich eine Depression.

Auch wenn diese Zeit für Eltern bitter sein mag, so sind sie doch Teil eines normalen Entwicklungsprozesses. Erst dann, wenn sich neben dem Interaktionsverhalten zu den Eltern deutliche Veränderungen in weiteren Lebensbereichen zeigen, ist an eine Erkrankung zu denken. Dass ein Jugendlicher gegenüber seinen Eltern seine Freude eine Zeit lang nicht mehr offen zeigt, ist normal. Ist er allerdings auch unter seinesgleichen über Wochen und Monate deprimiert und antriebslos, verliert er gar den Anschluss zum Freundeskreis und zieht sich immer mehr zurück, so ist dies Anlass zur Sorge. Zeigt sich zudem ein massiver Einbruch im Leistungsverhalten im Vergleich zu früheren Zeiten, dann könnte eine Depression dahinter verborgen sein. Für die Eltern ist es allerdings kaum möglich, hier selbst zu einer Diagnose zu gelangen. Häufig bestehen eine ausgeprägte Verleugnungstendenz und auch große Schamgefühle bei depressiven Jugendlichen. Besonders alarmierend ist eine quälende Veränderung des Schlafverhaltens über viele Wochen hinweg. Im Zweifelsfall kann es sich empfehlen, die Meinung der Lehrkräfte oder anderer Personen einzuholen, die den Jugendlichen in einer anderen als in der familiären Umgebung beobachten können. Berichtet der Lehrer davon, dass der Schüler immer häufiger apathisch und abwesend wirke, offenbar den Anschluss zu den Klassenkameraden verliere und meist niedergeschlagen und unglücklich scheint, so ist es sicherlich sinnvoll, zur Abklärung einer genauen Diagnose Unterstützung bei einer Beratungsstelle, einem Kinder- und Jugendpsychiater oder -psychotherapeuten zu suchen.

85
Wie hilft man depressiven Jugendlichen am besten?

DA: Eine ganz wesentliche Hilfe besteht oft schon allein darin, dass der quälende Zustand, den der Jugendliche erlebt, endlich einen Namen bekommt. In der Depression zweifelt der Betroffene ja vor allem an sich selbst, seinen eigenen Fähigkeiten und seinem Wert. Für depressive Jugendliche gilt dies noch verstärkt. Viele verstehen überhaupt nicht, was mit ihnen geschieht, und sind verzweifelt über ihre Situation. Eine erste Entlastung kann manchmal schon dadurch erfolgen, dass die Diagnose einer Depression gestellt wird, sorgfältig darüber aufgeklärt wird, was die Ursachen dieser Erkrankung sind, und auf die verschiedenen Behandlungsmöglichkeiten hingewiesen wird. Allerdings stellen sich hier im Einzelfall nicht selten erhebliche Schwierigkeiten ein.

Viele Jugendliche mit Depression sind sehr zurückhaltend, verschlossen und versuchen, die eigenen Probleme zu bagatellisieren. Aus Scham und Unsicherheit vermeiden sie es, sich in die Karten schauen zu lassen, und daher ist es selbst für einen erfahrenen Arzt oder Psychotherapeuten manchmal nicht leicht, allein durch das Gespräch mit dem Jugendlichen zu einem klaren Urteil zu kommen. Fast immer findet daher eine Einbeziehung des familiären Umfeldes statt, um den eigenen Eindruck – u.a. durch Verhaltensbeobachtungen anderer – besser validieren zu können. Auch bei der Therapie spielt die Einbeziehung des ganzen Umfeldes eine wichtige Rolle. Dabei geht es z.B. darum herauszufinden, was im familiären Kontext Auslöser und aufrechterhaltende Bedingungen für die Depression sind und wie diese möglicherweise modifiziert werden könnten (beispielsweise wenn massive Familienkonflikte im Hintergrund stehen). Auf der anderen Seite geht es bei der Therapie der Depression aber auch immer um den Abbau von Belastungen und den Aufbau von positiven Aktivitäten. Dies kann oft besser und einfacher erfolgen, indem die wichtigsten Bezugspersonen einbezogen werden. Bei der Verhaltenstherapie der Depression jugendlicher Patienten kommen letztlich die gleichen Elemente zum Tragen, die auch bei Erwachsenen entscheidend sind: Strukturierung des Tagesablaufes, gezielte Entlastung von vermeidbaren Stressoren und Aufbau positiver Aktivitäten, Bearbeitung zugrunde liegender depressionsfördernder Gedanken (z.B. »Ich bin eben nichts wert und niemand mag mich«), Stärkung der kommunikativen Fähigkeiten, um eigene Bedürfnisse angemessen und erfolgreich durchsetzen zu können.

In vielen Fällen reicht eine ambulante Behandlung aus und nur in schweren Fällen ist eine Therapie in einer Klinik für Kinder- und Jugendpsychiatrie erforderlich. Dies geschieht vor allem dann, wenn akute Suizidalität vorliegt oder das Ausmaß der Depression so immens ist, dass das Lebenssystem des Betroffenen völlig aus den Fugen zu geraten droht. In vielen Fällen kann die Gabe eines Antidepressivums zu einer Linderung der Symptomatik führen. Entsprechende Medikamente sollten aber immer nur von erfahrenen Kinder- und Jugendpsychiatern verschrieben werden. Zusätzlich können in einzelnen Fällen auch soziotherapeutische Unterstützung oder andere Verfahren (z.B. Familientherapie) eine wichtige Rolle bei der Überwindung der Krankheit spielen. Kompliziert wird die Therapie oft dadurch, dass neben der Depression noch weitere behandlungsbedürftige Erkrankungen vorliegen. Beispielsweise treten in einigen Fällen zusätzlich Essstörungen, Angststörungen oder Persönlichkeitsstörungen auf. In diesem Falle wird zuerst stets die Störung vorrangig behandelt, die als zugrunde liegend erachtet wird. Ist eine depressive Störung beispielsweise vor dem Hintergrund einer bestehenden Zwangsstörung entstanden, so wird es notwendig sein, diese zugrunde liegende Krankheit zu therapieren, weil eine dauerhafte Reduktion der Depression nur dann möglich ist.

86
Warum gibt es häufig Depressionen während und nach der Schwangerschaft?

UH: Auch wenn die Wochen nach der Geburt für Frauen als eine Zeit mit deutlich erhöhtem Depressionsrisiko gelten, so ist dies durch neuere epidemiologische Studien nicht deutlich bestätigt worden. Etwa sieben Prozent der Frauen entwickeln innerhalb der ersten drei Monate nach der Geburt eine depressive Erkrankung. Berücksichtigt man auch leicht depressive Veränderungen, die noch nicht das Vollbild einer depressiven Erkrankung zeigen, so liegt die Erkrankungsrate bei 19 Prozent. Diese Zahlen weisen nicht unbedingt auf ein deutlich erhöhtes Depressionsrisiko nach der Geburt hin, da ähnliche Häufigkeiten bei Frauen auch unabhängig von Geburt und Schwangerschaft gefunden wurden.

Gelten dürfte jedoch weiterhin, dass Schwangerschaft und Geburt Lebensphasen sind, die bei vulnerablen Frauen mit einem erhöhten Depressionsrisiko einhergehen. Wenn ein Mensch die Neigung hat, in eine Depression zu rutschen, dann sind immer Lebenssituationen, die besondere körperliche und psychosoziale Anpassungsprozesse erfordern, Risikozeiten. Für die Frau ist gerade die Zeit vor und nach der Geburt eine Lebensphase mit gravierenden Umstellungen. Auf der körperlichen Seite kommt es zu massiven hormonellen Veränderungen, Änderungen im Schlafrhythmus und anderen Anpassungsvorgängen, auf der psychosozialen Seite gibt es natürlich auch vielfältigen Anpassungsbedarf. Dass hormonelle Schwankungen psychische Auswirkungen haben, spüren viele Frauen in den Tagen vor der Menstruation, die mit einer größeren Empfindsamkeit, Gereiztheit oder depressionsähnlichen Krankheitszeichen einhergehen können. Das Risiko ist insbesondere für Frauen erhöht, die bereits früher depressiv erkrankt waren. Hatte die Frau bereits während einer vorhergehenden Schwangerschaft eine postpartale (nachgeburtliche) Depression entwickelt, so liegt das Risiko bei der folgenden Schwangerschaft je nach Studie bei 25 bis 75 Prozent.

Viele Kulturen haben Rituale und Gebräuche entwickelt, die dazu führen, dass den Frauen nach der Geburt intensive soziale Unterstützung zuteil wird, Erholungszeiten festgelegt sind und der Übergang in die neue Rolle als Mutter vom sozialen Umfeld formalisiert mitvollzogen und gefeiert wird. Ob hierdurch postpartale Depressionen seltener auftreten, ist allerdings nicht ausreichend untersucht.

In jedem Fall ist die Zeit um die Geburt für die Frau, aber auch für die Familie eine besonders sensible Lebensphase, in der eine Depression besonders schmerzliche Auswirkungen hat.

87
Dürfen Schwangere und stillende Mütter Medikamente nehmen?

UH: Besteht bei einer schwangeren Frau eine depressive Erkrankung, die mit Psychotherapie allein nicht abklingt, so sind die Risiken einer medikamentösen Behandlung gegenüber den Risiken einer möglicherweise erneut aufflackernden, nicht behandelten oder sich verstärkenden depressiven Episode abzuwägen. Für viele Antidepressiva, die schon lange auf dem Markt sind und für die zahlreiche Erfahrungen über die Gabe während der Schwangerschaft vorliegen, kann mit einiger Sicherheit gesagt werden, dass sie das Risiko von angeborenen Fehlbildungen nicht erhöhen. Da eine schwere depressive Erkrankung als massiver Stress mit vielfältigen körperlichen Reaktionen aufzufassen ist und sich hieraus durchaus auch Nachteile für das ungeborene Leben ergeben können, können die Vorteile einer Behandlung mit Antidepressiva, z.B. aus der Gruppe der SSRI, gegenüber den vermuteten Nachteilen durchaus überwiegen. Dies gilt auch für die rückfallverhütende Behandlung mit Antidepressiva bei Frauen mit rezidivierenden Depressionen. Mehr noch als sonst sollte man jedoch versuchen, mit der niedrigsten wirksamen Dosis auszukommen. Die Bestimmung der Blutspiegel des Antidepressivums ist für die Dosisfindung zu empfehlen, zumal der Abbau von Medikamenten in Verbindung mit der Schwangerschaft Schwankungen unterliegt und so Dosisanpassungen nötig werden können. Wenn möglich wird man auch Antidepressiva und andere Medikamente in den ersten drei Monaten der Schwangerschaft vermeiden, da in diesen Monaten die Körperorgane angelegt werden. Ungünstiger ist die Situation für Medikamente, die als Stimmungsstabilisierer bezeichnet werden (Lithium, Carbamazepin, Valproinsäure). Diese Substanzen erhöhen das Risiko angeborener Fehlbildungen.

Nicht sicher abzuschätzen ist, welche subtileren Effekte Antidepressiva auf die Hirnentwicklung vorgeburtlich und beim Kleinkind, das Antidepressiva über die Muttermilch aufnimmt, haben. Insbesondere von Serotonin ist gut bekannt, dass es das Auswachsen von Nervenzellen steuert, sodass Medikamente wie die Antidepressiva, die die Funktion dieses Systems beeinflussen, durchaus langfristige Effekte haben könnten. Auch hier sind bei der Nutzen-Risiko-Abschätzung die negativen Folgen einer unbehandelten mütterlichen Depression auf das Kind zu berücksichtigen. Bei Kindern, die vorgeburtlich Antidepressiva ausgesetzt waren (trizyklische Antidepressiva, Fluoxetin), konnten in einer Studie keine Auffälligkeiten im Denken oder in der Sprachentwicklung festgestellt werden, durchaus dagegen bei Kindern, deren Mütter während der Schwangerschaft an einer unbehandelten Depression litten.

Antidepressiva treten in die Muttermilch über, mehrere Studien fanden jedoch keine Hinweise auf Entwicklungsauffälligkeiten bei Kindern, deren Mütter während einer antidepressiven Medikation gestillt hatten. Es gibt jedoch auch Einzelfallberichte, z.B. über Zittern und Schlafstörungen als mögliche Antidepressiva-Nebenwirkungen bei gestillten Kindern. Hier muss jeweils im engen und vertrauensvollen Gespräch zwischen Facharzt, Mutter und Vater, vielleicht auch unter Einbindung der weiteren Familie, das individuelle Vorgehen besprochen werden.

88
Warum leiden so viele alte Menschen unter Depressionen?

UH: Oft wird vermutet, dass Depressionen bei alten Menschen häufiger sind, da das Alter ja mit vielfältigen Verlusten einhergeht. Dies ist allerdings keineswegs ausreichend belegt. Es gibt sogar Studien, die zeigen, dass gerade schwere Depressionen bei alten Menschen eher seltener als bei Menschen in jüngerem Erwachsenenalter sind. Der Verlust des Lebenspartners, vielleicht auch der Verlust der eigenen Wohnung und der körperlichen Leistungsfähigkeit sind Beispiele für die bitteren Seiten des Altwerdens. Diese gehen zwar mit Trauer, auch depressiver Verstimmung, aber in der Regel eben nicht mit einer depressiven Erkrankung einher. Die Tatsache, dass Depression häufig als etwas angesehen wird, das ein Stück weit zum Altwerden dazugehört, birgt die große Gefahr, dass man depressive Erkrankungen bei alten Menschen eher bereit ist zu akzeptieren und damit auf eine konsequente Behandlung verzichtet. Dies ist besonders problematisch, da Depressionen im Alter noch gefährlicher als bei jüngeren Menschen sind. Allein durch die im Rahmen der Depression manchmal auftretende Bettlägerigkeit, durch fehlendes Essen und Trinken und auch durch die im Alter besonders erhöhte Suizidalität ist eine schwere Depression beim alten Menschen immer eine lebensbedrohliche Erkrankung. Zudem gibt es keine Hinweise, dass Depressionen bei alten Menschen weniger gut auf eine psychotherapeutische oder pharmakotherapeutische Behandlung als bei Menschen im jungeren Erwachsenenalter ansprechen. Die Behandlung ist allerdings manchmal wegen anderer körperlicher Begleiterkrankungen und wegen Begleitmedikationen komplizierter und erfordert meist fachärztliche Beratung.

89
Wie kann man erkennen, ob ein älterer Mensch depressiv erkrankt ist oder lediglich traurig und missgestimmt?

UH: Durch gezieltes Nachfragen ist es dem erfahrenen Arzt fast immer möglich, eine nachvollziehbare depressive Verstimmung bei einem vielleicht bettlägerigen, von vielfältigen Krankheiten geplagten älteren Menschen von einer behandlungsbedürftigen depressiven Erkrankung abzugrenzen. Für Letztere spricht beispielsweise, wenn eine generelle Unfähigkeit, irgendeine Freude zu empfinden, besteht. Kommt das geliebte Enkelkind zu Besuch und wird dies von der betroffenen Person nur mehr als Belastung erlebt, so spricht dies für eine schwerere Depression, in der sich die gedrückte Stimmung durch nichts auch nur kurzfristig aufhellen lässt. Weiter sind Selbstvorwürfe und Schuldgefühle typisch für eine Depression, so z.B., wenn ein älterer Mensch sich selbst nur noch für eine Belastung für die Familie oder das Gesundheitssystem hält. Ein nicht depressiv erkrankter älterer Mensch würde vielleicht eher mehr Aufmerksamkeit einfordern, nachdem er so viele Jahre in das Gesundheitssystem eingezahlt hat und unter großem Einsatz seine Kinder großgezogen hat. Auch wenn früher bereits depressive Episoden aufgetreten sind, wenn der Betroffene berichtet, sich innerlich wie abgestorben zu fühlen, so sind dies alles Hinweise, die für eine dringend behandlungsbedürftige depressive Erkrankung sprechen. Gerade alte Männer haben mit zunehmendem Alter ein deutlich erhöhtes Suizidrisiko, sodass bei Sorgen in dieser Richtung professionelle Hilfe dringend nötig ist.

DEPRESSION UND ARBEITSWELT

90

Sind arbeitslose Menschen häufiger depressiv?

DA: Tatsächlich gibt es Untersuchungen, die zeigen, dass es eine Korrelation zwischen Arbeitslosigkeit und Depression gibt. Die Häufigkeit depressiver Erkrankungen ist bei erwerbslosen Menschen höher als im Durchschnitt. Man muss allerdings vorsichtig sein, aus diesem Zusammenhang voreilig Schlüsse zu ziehen. Man könnte annehmen, dass die Arbeitslosigkeit die Menschen in die Depression treibt. Genauso gut könnte es aber auch sein, dass die Depression langfristig dazu führt, dass Menschen arbeitslos werden. Der bloße Zusammenhang zwischen beiden Phänomenen lässt noch keinen Kausalschluss zu. Untersucht man das Problem genauer, so zeigt sich, dass es beide Varianten gibt: Menschen, die primär unter Depression litten, daraufhin zunehmend Probleme am Arbeitsplatz bekamen, lange Ausfallzeiten hatten und schließlich arbeitslos wurden, ohne echte Chance, in die Erwerbstätigkeit zurückzukehren. Auf der anderen Seite gibt es aber auch Fälle, in denen die Arbeitslosigkeit zu den primären Auslösern einer depressiven Erkrankung wird.

91
Warum nagt gerade Arbeitslosigkeit so sehr am Selbstwert?

DA: Die Erfahrung, arbeitslos zu werden, trotz intensivster Anstrengungen keinen adäquaten Job mehr zu finden und sich forthin eines wesentlichen Lebensinhalts beraubt zu sehen, ist für viele nicht leicht zu verkraften. Ganz abgesehen von den gewaltigen wirtschaftlichen Einbußen, die mit Arbeitslosigkeit verbunden sind. Trotz inzwischen fünf Millionen Arbeitsloser herrscht noch immer bei vielen das Vorurteil, dass im Grunde jeder Arbeit finden könnte, wenn er nur wollte. Für sehr viele, insbesondere für Menschen ab vierzig Jahren, gilt das leider nicht. Zu alt, zu teuer, überqualifiziert. Ich habe Menschen erlebt, die fünfhundert Bewerbungen geschrieben hatten, ohne einen Arbeitsplatz zu finden, der auch nur halbwegs ihren Fertigkeiten und ihrer Qualifikation entsprach. Irgendwann verschwindet die Hoffnung, noch jemals eine adäquate Tätigkeit zu finden.

Zwar werden in dieser Lage längst nicht alle Menschen depressiv, man kann sich aber leicht vorstellen, dass eine robuste psychische Gesundheit notwendig ist, um diesen krassen Einschnitt in die Lebenswirklichkeit zu bewältigen. Denn gerade in Deutschland ist der Wert eines Menschen stark assoziiert mit seinem beruflichen Erfolg. Ein Mann in mittleren Jahren, der erzählen würde, er sei nur mehr ehrenamtlich tätig, engagiere sich im Altenheim und für eine Hilfsorganisation für Senioren, erhält dafür kaum gesellschaftliche Anerkennung, sondern im besten Fall Mitleid. Er arbeitet ja nicht wirklich und ist somit doch im Grunde ein Drückeberger. Wer heute keinen Job hat, muss doch irgendwie selbst dran schuld sein. Auch wenn die meisten Einzelfälle zeigen, dass dies nicht haltbar ist, erlebt der Einzelne, der seine Arbeit verliert, sein Schicksal häufig auf diese Weise. Arbeitslosigkeit ist mit Scham verbunden, man zieht sich zurück und die anderen ziehen sich von einem zurück. Ein Makel haftet einem an und es kann passieren, dass sich der Freundeskreis drastisch ausdünnt.

In Anbetracht der Tatsache, dass in Deutschland auf viele Jahre, vielleicht sogar Jahrzehnte hinaus Massenarbeitslosigkeit unvermeidlich sein wird, stellt sich eine gewaltige gesellschaftliche Aufgabe: Wie können all diese Menschen integriert werden? Wie kann man ihnen Selbstwert und Lebenssinn zurückgeben? Solange Arbeitslosigkeit primär als ein ökonomisches Problem gesehen wird und nicht als existenzielles, laufen wir Gefahr, den vielen Menschen in keiner Weise gerecht zu werden, die nicht nur aus der Arbeitswelt, sondern aus unserer Gesellschaft insgesamt zu kippen drohen.

92

Ist es nicht verständlich, dass Männer und Frauen mit Anfang fünfzig, die keine Arbeit mehr finden, depressiv werden?

HR: Verständlich scheint eine solche Reaktion auf den ersten Blick zu sein, sie ist aber keineswegs zwingend, und wir müssen, um dem Krankheitsbild Depression in der Einschätzung gerecht zu werden, in einer solchen Situation sehr deutlich zwischen gedrückter Stimmung und Aufgewühltsein auf der einen und einer wirklichen Erkrankung auf der anderen Seite unterscheiden. Der Verlust des Arbeitsplatzes und die damit verbundenen Einbußen an beruflichen Aufgaben, Kontakten, Bestätigung und Einkommen sowie der Einbruch des Selbstwertgefühls und der gewohnten Lebensstruktur – Warum werde ich nicht gebraucht? Warum darf ich nicht mehr arbeiten? – werden jeden, der seinen Beruf mit Freude ausgeübt hat, biografisch erschüttern. (Müttern, deren drei Kinder irgendwann das Haus verlassen, geht es ja ähnlich, auch ihre Möglichkeiten für den

Wiedereinstig in das Berufsleben sind gering.) Ratlosigkeit, Verzweiflung und Zukunftsangst sind nur zu verständlich die Folge, aber glücklicherweise ist nicht jeder, der seinen Arbeitsplatz verliert, auch zu ewiger Untätigkeit verurteilt. Aber nimmt die Gesellschaft die seelischen Blessuren, die Arbeitslose jeden Tag schmerzlich erfahren, eigentlich ernst genug?

Wir wissen nicht, in welchem Umfang sich Demütigungen, wie der aufgezwungene Verlust des Arbeitsplatzes, auf lange Sicht seelisch auswirken. Wir wissen aber, dass seelisches Erleben überaus komplex ist und keineswegs jedem Fall von Arbeitslosigkeit 1:1 auch die Depression folgt. Nur wenn der Einbruch der Ich-Stärke das individuell tolerierbare Maß übersteigt und die Reaktion auf das Erlebte sich plötzlich rationalen Einschätzungen und Bewertungen entzieht und dieses Erleben über Wochen anhält und sich steigert, dann hat der Betroffene die Schwelle zur Krankheit überschritten. Aus der verständlichen wird eine rätselhaft unverständliche Reaktion, die sich mit Argumenten nicht mehr aufbrechen lässt: Depression.

Der Ausbruch der Krankheit ist nie monokausal, es bedarf vieler noch ungeklärter Faktoren, diese auszulösen. Auch ist nicht vorhersehbar, welche Persönlichkeitsstruktur auf eine heftige biografische Erschütterung mit einer Depression reagieren wird. Es kann aber tatsächlich jeden treffen, vollkommen unabhängig von seinem bisherigen Leistungsvermögen. Das sollte uns demütig stimmen. Vorschnelle Plausibilitätseinschätzungen sind nichts anderes als Vorurteile – und sie fallen irgendwann auf den zurück, der sie vorschnell geäußert hat.

93

Gibt es Arbeitssituationen, die zwangsläufig depressiv machen?

DA: Mir sind keine statistischen Erhebungen oder Studien bekannt, die hierauf eine zuverlässige Antwort bieten würden. Sicher lassen sich Arbeitssituationen beschreiben, die mit einer höheren Wahrscheinlichkeit Auslöser für Depression sein können als andere. Auf der anderen Seite muss man aber ganz klar betonen: Nie besteht eine Zwangsläufigkeit, die sich allein aus der Charakteristik einer Arbeitssituation erklären lassen würde. »Stupide Fließbandarbeit« oder die Tätigkeit bei der Müllabfuhr führen keinesfalls zwangsläufig in die Depression. Es ist die Interaktion zwischen dem einzelnen Menschen und den spezifischen Bedingungen des Arbeitsplatzes, die unter Umständen eine depressive Erkrankung auslösen kann. Da Menschen in ihrer Art und ihren Bedürfnissen sehr unterschiedlich sind, kann man daher kaum Verallgemeinerungen treffen.

Allgemein depressionsfördernd sind sicherlich Arbeitsbedingungen, die beim Einzelnen chronisch zu Überforderungssituationen führen und bei ihm Gefühle von Hilflosigkeit und Kontrollverlust auslösen. Aber auch Unterforderung und mangelnde Identifikation mit der Tätigkeit können im Zweifelsfall sehr frustrierend und demotivierend sein. Eine wesentliche Rolle spielen schließlich die zwischenmenschlichen Beziehungen im Arbeitsbereich. Gibt es Kollegen, mit denen man sich gut versteht? Hat man den Eindruck, vom Chef respektiert zu werden? Gibt es ein vertrauensvolles Miteinander oder versucht jeder, den anderen auszustechen? Wer sich im Büro von den anderen permanent ausgegrenzt, schikaniert und benachteiligt sieht, tut sich schwer, motiviert zur Arbeit zu gehen. Auch der Eindruck, im Vergleich zu anderen für die geleistete Arbeit deutlich unterbezahlt zu sein, führt zu chronischer Unzufriedenheit. All diese

Beispiele zeigen, dass es nie nur von der Arbeitssituation selbst abhängt, ob ein Mensch krank wird, sondern immer auch vom einzelnen Menschen mit seiner individuellen Disposition, seinem spezifischen Anspruchsniveau, seinen kommunikativen Fähigkeiten, seinen Schwächen und Stärken, aber auch seiner Bereitschaft, Verantwortung zu übernehmen.

94
Führt Mobbing zur Depression?

DA: Natürlich kann Mobbing, wie jedes bedeutsame Lebensereignis, im Einzelfall Auslöser einer Depression sein. Aber Mobbing ist im wahrsten Sinne des Wortes eine zweischneidige Sache. Denn wie bei allen massiven Beeinträchtigungen zwischenmenschlichen Zusammenlebens gibt es meist zwei unterschiedliche Sichtweisen des Geschehens: die des »Opfers« und die der vermeintlichen »Täter«. Während das »Opfer« sich hilflos »willkürlichen Schikanen und Aggressionen« ausgesetzt sieht, fühlen sich die »Täter« im Recht, sich mit »angemessenen Mitteln« gegen »faule«, »unfähige« oder einfach nur »unsympathische« Kollegen oder Mitarbeiter zu »wehren«.

Aber Vorsicht vor Gleichmacherei. Nicht hinter jedem Mobbingfall steckt nur ein kommunikatives Missverständnis. Es kommt durchaus vor, dass Mitarbeiter vom Chef oder von Kollegen systematisch auf intrigante Art bekämpft werden, ohne dass es zuvor ein ersichtliches Fehlverhalten auf Mitarbeiterseite gegeben hätte. Aber ich kenne auch den Fall, dass ein Patient mit einer so langen Liste an Mobbingerfahrungen in verschiedensten Betrieben aufwartet, dass sich bei mir unwillkürlich die Frage stellt, wie es an neuen Arbeitsstellen immer zur Wiederholung der gleichen Dynamik zwischenmenschlicher Beziehungen kommen konnte.

Unter der Fahne Mobbing segeln also sehr unterschiedliche Phänomene, und Vereinfachungen sind wenig hilfreich. Die genaue Analyse der individuellen Mobbingsituation, der Auslöser, Reaktionen und Verwundungen ist Voraussetzung für ein tieferes Verständnis der psychischen Verfassung des Betroffenen. Es gilt dann in beide Richtungen zu blicken. Auf der einen Seite ist zu würdigen, dass hier jemand – ähnlich wie z.B. bei Betrug oder Diebstahl – zum Opfer geworden ist, das mit Gefühlen von Fassungslosigkeit, Demütigung, Hilflosigkeit und Hass zu kämpfen hat. Auf der anderen Seite stellt sich aber immer auch die Frage, ob es einen eigenen Anteil gibt, der zur Eskalation beigetragen hat.

Auch wenn die Betroffenen anfangs tief verunsichert sind, gelingt den meisten nach einiger Zeit eine Verarbeitung des Erlebten, sofern die Mobbingsituation beendet werden kann. Aber einige erholen sich nur schwer davon. Sie wirken verbittert und resigniert. Bei ihnen kann Mobbing dann tatsächlich zum Auslöser einer Depression werden.

95
Umgang mit der Depression am Arbeitsplatz – Darf ich mich outen?

HR: In einer Effizienz- und Ellenbogengesellschaft ist jeder Berufstätige, der krank wird, zuerst einmal ein lästiger, weil kostspieliger Betriebsunfall. Auf Verständnis kann er nur selten hoffen. Entsprechend groß ist die Sorge, krank zu werden, entsprechend gering ist statistisch die Krankenstandsrate in wirtschaftlich schlechten Zeiten. Niemand kann ernsthaft einen solchen Umgang miteinander im beruflichen Alltag gutheißen, aber er ist Realität. Wer sich an seinem Arbeitsplatz outet, also ein bisher gelebtes Erwartungsmuster bewusst durchbricht, verfügt in der Regel über eine gute Portion Selbstbewusstsein oder er hält die Rolle, in der er sich bisher versteckt hielt, nicht länger aus. Wer unter Depressionen leidet, ist in der Krankheitsphase nur selten mutig und selbstbewusst, eher verzweifelt und verwundbar. Wer das Unverständnis der Gesellschaft im Umgang mit der Depression am eigenen Leib erlebt hat, kann bestätigen, welches Risiko es birgt, sich als depressiv zu outen. Der entsprechende Eintrag in der Personalakte stellt dabei noch die geringste, wenn auch oft besonders folgenreiche Stigmatisierung dar. Aber ist die Flucht in die anonymisierende Krankschreibung deshalb die folgerichtige Lösung? Nein, denn wer um die Lebensbedrohung durch die Depression weiß, wird so lange wie möglich einen Weg suchen, nicht auch noch das stabilisierende Gerüst des beruflichen Alltags zu verlieren. Dazu wird auch jeder Therapeut raten, so lange es vertretbar ist, der Patient also gerade wegen seiner beruflichen Überlastung nicht Zeichen beginnender Suizidalität offenbart.

Wer unter bedrohlichen Depressionen leidet, muss zur eigenen Entlastung wissen, dass die Volkskrankheit Depression jeden in der Arbeitswelt treffen kann. Die Depression ist längst allgegenwärtig, der Informationsstand über die Krankheit in verantwortungsvollen Betrieben und Personalabteilungen ist hoch. Niemand kann sich hier mit Unwissenheit herausreden. Und doch ist es für den Betroffenen ratsam, Art und Zeitpunkt seines Eingeständnisses: Ich habe Depressionen! sorgfältig zu planen. Hier ist als Partner besonders der Therapeut gefragt. Wer auf Verständnis in seinem Unternehmen setzen kann, wird sich am ehesten outen können. Wer sich hier nicht sicher ist, dem rate ich, seinen Therapeuten im Gespräch mit dem Arbeitgeber um Beistand zu bitten, diesen nicht nur über Krankheitsbild und Heilungsaussichten zu informieren, sondern deutlich zu machen, welche lebenserhaltende Funktion für den Kranken seine Arbeitswelt bedeutet. Und damit das Gespräch auch nachhaltig in der Wirkung ist, sollte der Arbeitgeber parallel mit entsprechendem Informationsmaterial »Depression in der Arbeitswelt« bedacht werden. Die Rolle des Therapeuten als Patientenanwalt kann in einer solchen Situation für den Kranken enorm hilfreich sein – und mehr. Manchmal ist sie der Schlüssel zur Genesung.

Wer sich als Mitarbeiter mit der Diagnose Depression outet und danach auf Verständnis in seiner Berufsumgebung setzen kann, muss aber auch selbst alles tun, um diesen »Vertrag auf Gegenseitigkeit« einzuhalten. So schwer es auch fallen mag. Der Weg zurück zur gesundheitlichen Normalität ist auch für den Depressiven steinig. Aber er lohnt jede Anstrengung – für beide Seiten: Arbeitnehmer und Arbeitgeber gleichermaßen. Wer sich überlegt und verantwortungsvoll outet, kann am Ende nur gewinnen.

96
Hilft eine Krankschreibung?

DA: Wann eine Krankschreibung im Fall einer depressiven Erkrankung sinnvoll ist und wann nicht, muss im Einzelfall genau abgewogen werden. Grundsätzlich ist Arbeit etwas zutiefst Antidepressives. Sie strukturiert den Lebensalltag, erlaubt Identifikation und das Erleben von Effizienz. Häufig ist sie mit gegenseitiger Wertschätzung verbunden, ermöglicht den Austausch mit anderen und sorgt letztendlich auch für Ablenkung. Natürlich ist es für einen Menschen in der Depression quälend und anstrengend, weiterhin seiner Arbeit nachzugehen. Auf der anderen Seite habe ich oft genug erlebt, dass die freundlich gemeinte Krankschreibung dazu geführt hat, dass der Betroffene erst recht in ein gewaltiges depressives Loch gefallen ist. Denn statt zur Arbeit zu gehen, muss er nun den ganzen Tag selbst gestalten und füllen. Von außen gibt es keinerlei Anforderung mehr und alles geschieht selbstbestimmt. Aber genau das gelingt in der Depression eben nicht mehr. Statt die Zeit für sich zu nutzen, sich aktiv zu erholen, Spaziergänge zu machen, Anregungen zu suchen, mit Freunden zu sprechen, sich sportlich zu betätigen etc., droht die Gefahr, dass der krankgeschriebene Mensch zu Hause stundenlang herumsitzt. Im schlimmsten Fall fehlt ihm sogar dazu der Antrieb und er liegt von morgens bis abends erschöpft im Bett, mit sich und der Welt hadernd, ohne sich zur kleinsten Aktivität aufraffen zu können.

Wer in einer Depression ist, kann selbstverständlich nicht mehr so viel leisten wie zuvor, bis die Krankheit abgeklungen ist. Häufig erlebt er das eigene Tun als wenig effizient, nimmt sich selbst als Belastung für die anderen wahr und schämt sich seiner Situation. Wenn er allerdings ein Arbeitsumfeld hat, das ihm erlaubt, das Leistungsniveau herunterzuschrauben und Belastungen abzubauen, dann ist es in vielen Fällen sinnvoll, so lange wie möglich eine Krankschreibung zu vermeiden. Insbesondere wenn (was aber häufig nicht möglich ist!) ein offener Umgang mit der Erkrankung möglich ist, Vorgesetzte und Kollegen Bescheid wissen und in der Lage sind, den Betroffenen während der depressiven Episode ein Stück weit mit zu tragen. Das ist für alle Beteiligten anstrengend, ermöglicht aber doch, auf diese Weise einen verdienten Kollegen oder Mitarbeiter auf lange Sicht für das Unternehmen zu erhalten. Auch wenn über Wochen oder Monate das »normale« Leistungspensum bei weitem nicht erreichbar ist, wird die Schaffenskraft nach dem Ende der depressiven Episode von selbst wieder auf Normalmaß steigen. Depressive, die dagegen über Monate krankgeschrieben sind, tun sich oft sehr schwer beim Wiedereinstieg ins Arbeitsleben. Zwar können so genannte Wiedereingliederungsmaßnahmen, bei denen der Betroffene zunächst mit reduzierter Stundenzahl in den Berufsalltag zurückkehrt, einen gewissen Puffer schaffen. Auf der anderen Seite wäre natürlich der Idealfall, dass sich eine längerfristige Krankschreibung vermeiden lässt. Anders sieht die Situation aus, wenn wesentliche Auslösebedingungen für die depressive Erkrankung in der Arbeitssituation oder am Arbeitsplatz selbst begründet sind. Gibt es massive Konflikte mit dem Chef? Ist Mobbing ein Auslöser für Depression gewesen? Hat vor allem chronische berufliche Überlastung die Depression begünstigt? Wenn Ursachen und Auslösebedingungen der Krankheit im Berufsalltag zu suchen sind, dann scheint in vielen Fällen eine klare Auszeit vonnöten, um dann langfristige Veränderungen bei der eigenen beruflichen Tätigkeit in Angriff zu nehmen.

97
Welche Möglichkeiten der beruflichen Reintegration gibt es?

DA: Selbstverständlich ist es grundsätzlich am sinnvollsten, von vornherein eine Arbeitsunfähigkeit zu vermeiden. Wenn dies allerdings nicht gelingt und ein Arbeitnehmer für mehrere Monate wegen Depressionen ausfällt, dann ist eine stufenweise Wiedereingliederung nach dem so genannten »Hamburger Modell« möglich: Offiziell ist der Arbeitnehmer weiterhin krankgeschrieben, startet aber einen Reintegrationsversuch mit zunächst reduziertem Zeitumfang. Die Kosten dafür werden also von der Krankenkasse getragen. Einem Arbeitsversuch muss zunächst aus medizinischer Sicht zugestimmt werden. Dafür erstellt beispielsweise der Hausarzt einen »Wiedereingliederungsplan«, aus dem hervorgeht, mit welcher Stundenzahl der Patient beginnt und zu welchem Zeitraum die Arbeitszeit wie gesteigert werden soll. Nach Einverständnis und Unterschrift des Patienten wird dieses Antragsformular bei der Krankenkasse eingereicht. Meist holt sich die Krankenkasse die Zustimmung eines Gutachters oder des medizinischen Dienstes der Kassen ein und leitet dann den bewilligten Antrag zum Arbeitgeber weiter. Stimmt der Arbeitgeber zu (meist stellt das kein Problem dar, da er selbst ja kein Risiko eingeht und für die Dauer der Wiedereingliederungsmaßnahme keine Kosten zu tragen hat), kann die Wiedereingliederungsmaßnahme gestartet werden. Diese Art von Rehabilitation kann über einen Zeitraum von drei bis sechs Monaten laufen und mit Zustimmung der Krankenkasse bis zu einem Jahr verlängert werden. Der Arbeitnehmer erhält während der Zeit der Wiedereingliederungsmaßnahme das normale Krankengeld (in der Regel 80 Prozent des Lohnes).

Meine persönliche Erfahrung mit dieser Form der Wiedereingliederung ist sehr positiv, und ich habe bei einigen Patienten erlebt, dass auf diese Weise anfangs viel Druck vom Patienten genommen werden kann. Allerdings ist es wichtig, dass ein guter und intensiver Austausch mit den verantwortlichen Stellen beim Arbeitgeber besteht. Am besten steht ein persönlicher Coach zur Verfügung, der die Wiedereingliederung begleitet, das Aufgabengebiet definiert, in Absprache mit den Patienten die Erweiterung der Anforderungen festlegt und als ständiger Ansprechpartner bei Problemen zur Verfügung steht.

DEPRESSION UND SUIZIDALITÄT

98

Gibt es einen Zusammenhang zwischen Depression und Suizid?

DA: Tatsächlich gibt es zwischen den beiden Phänomenen viele Berührungspunkte. Sie sind nicht identisch, aber die gemeinsame Schnittmenge ist groß. Die Mehrzahl der Patienten, die wegen Depressionen bei mir in Behandlung waren, hatten zwischenzeitlich auch Suizidgedanken. Die Überlegung, lieber tot zu sein, am besten zu sterben, sich selbst zu töten und dem eigenen Leben gewaltsam ein Ende zu setzen, kommt im Rahmen depressiver Erkrankungen sehr häufig vor.

In vielen Fällen geht von Suizidgedanken allerdings keine akute Lebensgefahr aus. An den eigenen Tod zu denken heißt noch nicht, eine suizidale Handlung auch tatsächlich zu vollziehen. Dennoch muss bei Depressionen die Selbsttötungsgefahr immer sehr genau beobachtet werden, denn depressive Menschen tragen ein besonderes Risiko, durch Suizid zu sterben.

Auf der anderen Seite sind selbstverständlich nicht alle Menschen, die suizidal sind oder sich gar selbst töten, depressiv. Sehr selten ist allerdings der Fall, dass ein Mensch sich bei voller Entscheidungsfähigkeit und psychischer Gesundheit zur Selbsttötung entschließt. Selbst bei krebskranken Patienten mit ungünstiger Prognose ist das Suizidrisiko sehr gering, wenn nicht zusätzlich eine Depression vorliegt. Die allermeisten

Menschen, die sich selbst das Leben nehmen, leiden im Vorfeld des Suizids unter einer psychischen Erkrankung, z.B. unter Psychosen oder Suchterkrankungen; am häufigsten aber unter Depressionen. Sie sehen für sich keine Chance mehr, keine Wahlmöglichkeit. Zu groß scheint das Ausmaß an Hoffnungslosigkeit, innerer Isolation und seelischem Schmerz. Der Tod wird dann als einzig verbleibender Ausweg gesehen. Er erscheint als die letzte Möglichkeit, diese unerträgliche Qual zu durchbrechen.

99
Hat nicht jeder das Recht, über seinen eigenen Tod in der Krankheit zu entscheiden?

HR: Ob wir das Recht haben, selbst über Art und Zeitpunkt unseres Todes zu entscheiden, werden religiöse Menschen anders beantworten als nichtreligiöse, junge anders als alte. Auch wird die Betrachtung dieser Frage in einem intellektuellen Diskurs eindeutiger ausfallen als in einer konkreten Entscheidungssituation. Wer an schweren Depressionen leidet, wird sich im Verlauf seiner Krankheit auch die Frage stellen, ob der Tod von eigener Hand nicht die beste Lösung wäre, dem unerträglichen Schmerz, der Verzweiflung und Hoffnungslosigkeit ein Ende zu setzen. Hier gibt es aus eigener Erfahrung nur eine einzige, nicht zu hinterfragende Antwort: Nein, der Tod ist die falsche Antwort auf diese in der Krankheit gestellte Frage. Warum? Weil die Suizidgedanken krankheitsimmanent sind. In der zentralen Frage zur Selbstverantwortung des eigenen Lebens ist der Depressive seiner Entscheidungsfähigkeit beraubt. Er will ja eigentlich gar nicht sterben, er will tot sein – der Tod als gedachtes Mittel gegen den Schmerz, als letzter Befreiungsakt eines Lebens, das nicht mehr als lebenswert, vielmehr nur noch als todeswürdig erlebt wird. Den Tod auf Zeit – die eigentliche Sehnsucht des Kranken – gibt es nicht, der Tod ist endgültig – aber der Krankheitsverlauf in der Depression muss keineswegs im Tod enden, im Gegenteil! Einer solchen Argumentation aber ist der Kranke nicht zugänglich, ebenso wenig wie der sterbenskranke Reisende an Bord eines gefährlich schaukelnden Schiffes, der sich aufgegeben hat und seinem Leiden mit einem Sprung in die tosende See ein Ende setzen will. Auch wer seekrank ist, will sein Leben nur allzu unüberlegt wegwerfen – und ist irgendwann dankbar, wenn er wieder auf festem Boden steht, dass ihn Mitreisende von diesem tödlichen Schritt abgehalten haben. So wie der Seekranke ist auch der Depressive in der unmittelbaren Konfrontation mit dem eigenen Leid nicht mehr Herr seiner eigenen Entscheidungen. Das zu wissen und zu verinnerlichen – auch auf Seiten der Angehörigen – kann lebensrettend sein.

Was wäre mir alles an Lebensfreude, Erfahrung, an Liebe und Glück entgangen, hätte ich mich damals gegen das Leben und für den Tod entschieden. Ich hatte ein Leben vor der Depression, meine Jugend, ein ebenso langes, sehr reduziertes, hoffnungsloses und schmerzhaftes in der Krankheit und ein geschenktes nach Überwindung der Depression. Dass ich je glücklich sein würde, dass ich je wieder arbeiten könnte, war für mich unvorstellbar. Mein Arzt hat meine Entscheidung gegen das Leben mit großer Geduld und äußerstem Einfühlungsvermögen und persönlichem Mut verhindert – mein zukünftiges Glück lag am Ende für wenige Sekunden allein in seiner Hand. Dafür bin ich ihm jeden Tag dankbar. Sich gegen den vermeintlichen eigenen Willen des Kranken zu stellen, ist für jeden Arzt und Therapeuten immer wieder eine ungeheure Verantwortung.

Der Tod von eigener Hand darf dem Depressiven verwehrt werden. Ich kenne niemanden, der unter dieser Krankheit hat leiden müssen, der sich nach der Genesung seinen Todeswunsch bewahrt hat. Es gibt ein Leben nach der Depression, es gibt ein

Leben nach dem ersehnten Tod von eigener Hand und niemand muss sich der Erfahrung der Depression schämen – auch nicht seiner Todessehnsüchte.

UH: Als Menschen haben wir prinzipiell die Freiheit, unser Leben aus freiem Willen zu beenden, und wir reagieren empfindlich darauf, wenn irgendjemand versucht, uns diese fundamentale Freiheit abzusprechen. Als Arzt sehe ich jedoch Menschen, die im Rahmen einer schweren depressiven Episode ihre Lebenssituation und ihre Zukunft völlig verzerrt wahrnehmen und krankheitsbedingt unter einem hohen Leidensdruck stehen und deshalb im Suizid den einzigen Ausweg sehen. Die Erfahrung lehrt, dass durch eine Behandlung die Depression und parallel damit der Leidensdruck und der Suizidwunsch abklingen. Auch ohne Behandlung ist der Suizidwunsch oft nur ein flüchtiges Phänomen, auf das man keine endgültige Entscheidung gründen sollte. Ein Großteil der Patienten, die einen Suizidversuch überlebt haben, haben danach eine andere Sicht ihrer Lebenssituation und halten diese Tat rückblickend für einen Fehler.

Für mich ist deshalb bei den allermeisten Menschen der Wunsch nach Selbsttötung ein Krankheitszeichen und ebenso wenig Ausdruck des freien Willens wie Suizidversuche im Rahmen eines schweren Alkoholrausches oder einer Drogenintoxikation. Schon ganz einfach als Mitmensch würde ich es für falsch halten, tatenlos zusehen, wie ein anderer Mensch eine fatale Handlung begeht, von der ich weiß, dass sie falsch ist. Die Position, zu sagen: »Ich halte es zwar für falsch, dass sich dieser Mensch das Leben nimmt, respektiere aber seinen freien Willen und lasse ihn machen«, erscheint mir distanziert, kalt und letztendlich unmenschlich. Ich möchte aber auch nicht abstreiten, dass es vereinzelt Lebenssituationen geben kann, in denen ein Mensch auf der Endstrecke einer schwersten körperlichen Erkrankung nach klarer Abwägung sich entschließt, seinem Leben ein Ende zu machen. Wie mit diesen existenziellen Extremsituationen als Arzt richtig umzugehen ist, lässt sich nur schwer in allgemeine Regeln fassen.

100
Woran erkenne ich, dass das Gegenüber suizidal ist?

DA: Um es gleich deutlich zu sagen: Suizidalität ist nicht immer zu erkennen. Es gibt keinen wirklich verlässlichen Indikator, kein verbindliches Zeichen. Ob ein Mensch in Suizidgefahr ist, kann daher nur aus unterschiedlichen Aspekten erschlossen werden. Spricht ein Mensch direkt über seinen konkreten Todeswunsch oder gar über Methoden und Zeitpunkt eines geplanten Suizids, dann ist selbstverständlich immer Gefahr im Verzug. In vielen Fällen gibt es jedoch nicht derartige direkte Ankündigungen. Anlass zur Sorge besteht jedoch, wenn ein Mensch über viele Wochen und Monate in schwerster Depression ist und dabei insbesondere die Hoffnungslosigkeit immer mehr zunimmt. In dem Ausmaß, wie der Mensch unter Handlungsdruck steht (»Dieser Zustand muss endlich zu Ende gehen«), steigt die akute Suizidgefahr.

Häufig geht Suizidalität mit sehr starken Kränkungen einher. Nicht zufällig sind Menschen in Trennungssituationen, mit drückender Schuldenlast und nach unerwartetem Verlust des Arbeitsplatzes besonders gefährdet. Erlebt der Patient solch ein Geschehen als persönlichen Gesichtsverlust, als eine Schande und tiefe Verletzung, die er mit dem eigenen Selbstbild nicht in Verbindung bringen kann, so kommt es nicht selten zu einer suizidalen Krise. Besonders gefährdet scheinen dabei Männer zu sein, deren Suizidrisiko allgemein deutlich höher ist als das von Frauen.

In einer gehemmten Depression fehlen Patienten manchmal der Antrieb und die Entschlusskraft, um eine Suizidabsicht umzusetzen. Daher ist es sinnvoll, gerade auch nach Beginn einer antidepressiven Behandlung besonderes Augenmerk auf die Entwicklung des Suizidrisikos zu haben. Mitunter verbessern sich zunächst Antrieb und Vitalität, nicht jedoch Niedergeschlagenheit und Hoffnungslosigkeit. Dann kann die fatale Situation eintreten, dass die Behandlung selbst erst die Voraussetzungen schafft, dass es zur Umsetzung der Suizidabsicht kommen kann.

Ist jemand wirklich in Sorge darüber, dass ein Freund oder Angehöriger in Suizidgefahr ist, so kann es hilfreich sein, hier ein offenes Wort zu wagen und direkt nachzufragen. Natürlich ist auch das kein Garant dafür, eine offene und ehrliche Antwort zu bekommen; manchmal kann es aber dennoch Türen öffnen und eine Entlastung für den depressiven Menschen darstellen.

101
Wie gehe ich damit um, wenn jemand von Suizid spricht?

DA: Wenn ein Freund oder Angehöriger davon spricht, nicht mehr leben zu wollen, dann sollte dies – auch wenn es noch so beiläufig gesagt ist – immer als Alarmsignal gesehen werden. Wissenschaftliche Untersuchungen zeigen, dass ein großer Teil suizidaler Handlungen mündlich oder schriftlich angekündigt wurde. Manchmal geschieht dies allerdings in indirekter Weise, sodass die Mitmenschen das Ausmaß der Gefahr oft nicht rechtzeitig realisieren. Äußerungen wie »Es hat ja ohnehin alles keinen Sinn mehr« können ein Hinweis darauf sein, dass ein Mensch konkret mit dem Gedanken spielt, sich zu töten. Im Falle akuter Suizidalität sollte immer alles getan werden, weitere Hilfe hinzuzuziehen. Zwar ist es für suizidale Menschen oft schon eine Entlastung, wenn man ihnen einfach geduldig zuhört, ihren Schmerz und Kummer aushält und signalisiert, dass man für sie da ist. Auf der anderen Seite sollte man immer darauf drängen, dass fachliche Hilfe hinzugezogen wird. Das kann ein Arzt, ein Psychotherapeut, eine Klinik oder eine spezialisierte Beratungsstelle sein. Dort kann das akute Suizidrisiko beurteilt werden und eine Behandlung der zugrunde liegenden psychischen Erkrankung erfolgen.

In manchen Fällen wird es dann auch ratsam sein, dass der Patient sich vorübergehend in stationäre Behandlung begibt. Selbstverständlich gibt es manchmal den Fall, dass ein Betroffener professionelle Hilfe ablehnt und versucht, den anderen zum Stillschweigen zu verpflichten. Das ist eine brenzlige Situation: Auf der einen Seite steht die geforderte Loyalität, die man nicht leichtfertig aufs Spiel setzen will, auf der anderen Seite aber droht die reale Gefahr einer Selbsttötung. Letztlich muss jeder Einzelne selbst entscheiden, wie er damit umgeht. Ich persönlich empfehle im Zweifelsfall, auch gegen den Willen des Betroffenen fachliche Hilfe hinzuzuziehen, wenn man sich Sorgen um Leib und Leben des depressiven Menschen macht. Kommt es zu einer suizidalen Handlung, die man zwar selbst geahnt hat, ohne jedoch tätig geworden zu sein, so sind im Nachhinein die Schuldgefühle groß: »Hätte ich damals nur …« Besteht von Seiten der betroffenen Person keinerlei Bereitschaft, weitere Hilfe hinzuzuziehen, und befürchtet man aber, dass unmittelbar Gefahr im Verzug ist, so kann man sich direkt an jede Dienststelle der Polizei wenden. Die Polizeibeamten kommen dann unverzüglich vor Ort und sprechen mit dem Betroffenen und den Angehörigen, um sich ein Bild der Situation zu machen. Um akute Gefährdung auszuschließen, wird der Betroffene dann meist vom Rettungsdienst in Begleitung der Polizei in eine Klinik gefahren und das Urteil eines Psychiaters eingeholt. Liegt Gefahr vor, kommt es zu einer zwischenzeitlichen Unterbringung in einer Klinik. Zum Glück ist es nur in wenigen Ausnahmefällen notwendig, dass solch ein Vorgehen ohne Einverständnis des Betroffenen geschieht. In der Regel ist der suizidgefährdete Mensch selbst erleichtert, wenn er eine Auszeit nehmen kann und andere für ihn aktiv werden.

102
Hilft es, suizidale Menschen wegzusperren?

UH: Wenn krankheitsbedingt ein Mensch sich in Gefahr bringt, so erfordert es die Mitmenschlichkeit, ihn davor zu schützen. Gleiches würden wir im Rahmen von Rauschzuständen tun. Es geht hier nicht um Wegsperren, sondern um Hilfe für einen verzweifelten Menschen.

103
Gibt es ein Gen für den Suizid?

UH: Wie alles ist auch die Suizidalität durch unsere genetische Ausstattung beeinflusst. Ebenso wenig, wie es kein einzelnes Gen für die Depression gibt, gibt es kein einzelnes Gen für Suizidalität. Es spielen viele verschiedene, bisher nicht genau bekannte Gene eine Rolle, die zudem in einem komplizierten Wechselspiel mit Umweltfaktoren stehen.

DER UMGANG MIT DEM DEPRESSIVEN

104

Warum empfinden wir bei depressiven Menschen häufig Gereiztheit und Ärger statt Mitleid und Mitgefühl?

DA: Mitgefühl und Mitleid erleben wir vor allem bei Menschen, mit deren Schicksal wir uns identifizieren können. Ist jemand niedergeschlagen und verzweifelt, weil er Opfer eines Verbrechens wurde, einen geliebten Menschen durch Unfall verloren hat, eine große Summe Geld in den Sand gesetzt hat oder die Diagnose einer schweren Krankheit erhält, dann können sich die meisten mit deren Situation identifizieren. Zumindest versuchen sie sich vorzustellen, wie es für sie selbst wäre, wenn sich in ihrem eigenen Leben ähnliche Dinge ereignen würden. Menschen mit Depression haben aber oft nicht annähernd dramatische Ereignisse vorzuweisen. Sie sind – rein oberflächlich betrachtet – meist nicht existenziell bedroht und stehen insofern »mit leeren Händen« da. Ihre Niedergeschlagenheit und Leere wirken daher manchmal fast unbegründet. Ihre innere Lähmung ereignet sich häufig vor einem relativ unspektakulären Hintergrund: Beziehungsprobleme, Stress am Arbeitsplatz, Geldsorgen usw., also jene Dinge, die viele andere Menschen auch erleben, ohne davon groß Aufhebens zu machen oder gar depressiv zu werden

Das Erleben des Depressiven ist daher von der Außenwelt weit weniger erschließbar, als dies gemeinhin angenommen wird. Erzählt uns jemand, er habe sich den Unterarm gebrochen, dann verzerren wir unwillkürlich unser Gesicht, saugen die Luft pfeifend ein und stellen uns vor, wie das wohl wehtun muss. Depression ist dagegen viel schwerer nachvollziehbar. Im Gegenteil: Eine große Distanz besteht häufig zwischen dem Erkrankten und seiner Umwelt. Die Folge ist Unverständnis und Rückzug. Anfangs bemüht man sich ja, dem Depressiven zu helfen, ihn zu unterstützen und »die Flausen« auszureden. Nach und nach stellt man aber fest, dass all diese Bemühungen keine Wirkung zeigen. All das gute Zureden, die Aktivierung, die Appelle (»Kopf hoch!«) sind leider kein wirksames Mittel. Der Depressive bleibt oft in seiner eigenen Welt gefangen und scheint unerreichbar. Die Unnachvollziehbarkeit der Erkrankung, die Schwere der Symptome und ihre quälende Dauer sind für Angehörige und Freunde häufig zermürbend. So gut auch die eigenen Vorsätze sein mögen, so stellt sich doch bei vielen immer wieder Hilflosigkeit und Zerknirschung ein. »Hat denn das nie ein Ende? Was soll ich denn noch alles tun?« Statt angesichts all der Unterstützung und Hilfe, die die anderen ihm zukommen lassen möchten, freundlich und dankbar zu sein, zeigt sich der depressive Mensch oft abweisend. Eine natürliche Folge ist, dass die Mitmenschen ihrerseits gereizt und zornig auf diese überfordernde Situation reagieren. Sie haben doch schon alles probiert, ohne dass dies gefruchtet hätte. Aus dieser Dynamik kann ein Strudel entstehen, der die Angehörigen mit in die Depression zu ziehen droht.

Wer sich gut über das Krankheitsbild informiert, über die Symptome und das Wesen der Erkrankung Bescheid weiß, ist oft in der Lage, derartige Prozesse besser zu reflektieren und sich aus Gefühlen der Frustration schneller wieder zu befreien. Das Wichtigste ist dabei zu lernen, dass der depressive Mensch niemanden absichtlich quält. Im Gegenteil: Er weiß, wie er allen zur Last fällt, und der Schmerz, den er sich selbst fortwährend zufügt, ist bei weitem der größte.

105
Wie kann man mit Patienten umgehen, die Medikamente grundsätzlich ablehnen?

UH: Bei leichteren und mittelschweren Depressionen ist vor allem eine spezifische Psychotherapie eine sinnvolle Alternative zur Pharmakotherapie. Bei schweren Depressionen ist es jedoch wichtig, geduldig zu versuchen, dem Patienten die Vor- und Nachteile einer Behandlung mit Antidepressiva zu erklären. Oft resultiert der Widerstand aus einem Krankheitsverständnis des Betroffenen, das Depression eher als persönliches Versagen, das selbst bewältigt werden muss, auffasst und nicht als eine Erkrankung wie andere Erkrankungen auch.

Damit verbunden ist oft die Sorge, nach Einnahme von Antidepressiva nicht mehr die gleiche Person zu sein, seine Autonomie einzubüßen, abhängig zu werden. Hier kann es sinnvoll sein, den Betroffenen zu ermutigen, sich mit Menschen zu unterhalten, die mit Antidepressiva behandelt worden sind, und immer wieder auf die Unbegründetheit dieser Sorgen hinzuweisen. Es ist für viele Menschen auch nicht leicht zu akzeptieren, dass sie eine psychiatrische Erkrankung haben, die ähnlich wie Diabetes mellitus eine längerfristige professionelle Behandlung erforderlich machen kann.

106
Was muss ich mir von einem Kranken in der Depression gefallen lassen?

HR: So wie die Frage gestellt ist, muss man annehmen, dass der Kranke seiner Umgebung einiges zumutet. Aber tun das nicht alle Kranken, die über eine längere Zeit unserer Nähe und Hilfe bedürfen? Pflege, Mitgefühl und Beistand in der Krankheit sollten zuerst einmal für die Angehörigen und Freunde selbstverständlich sein. Aber so wie es den sympathischen Kranken und den dankbaren gibt – über Monate und Jahre –, so sind wir manchmal auch mit dem Gegenteil konfrontiert: dem fordernden, ungeduldigen und undankbaren Patienten, der meint, er könne in seinem Egoismus besonders viel Aufmerksamkeit erzwingen und uns in seinem Interesse grenzenlos manipulieren.

In der Begegnung mit der Depression wird den Angehörigen häufig viel Geduld abverlangt, und nur allzu oft erkennen sie nicht, wann und wie lange wirkliche Empathie den Umgang mit dem Kranken bestimmen sollte, und wann es gilt, zum Schutze des eigenen Ichs auch Grenzen der Zumutbarkeit zu setzen. Niemand will einen Kranken verletzen und ihm die Zuwendung entziehen, aber auch für den an Depressionen Leidenden gibt es Grenzen. Das Stichwort heißt: Krankheit als Lebensinhalt. Wer sich entscheidet, an seinem Krankenstatus festzuhalten, und nicht bereit ist, auch wieder den gleichberechtigten Dialog als Gesunder aufzunehmen, verhält sich narzisstisch und manipulativ. Er flieht das eigentliche Leben aus rein egoistischen Gründen. Natürlich sind die Grenzen in der Beurteilung eines solchen Verhaltens fließend, aber wir alle haben ein untrügliches Gespür dafür, wann wir ausgenutzt werden und wann das Gegenüber wirklich unserer Hilfe und Aufmerksamkeit bedarf. Falsch verstandenes Mitgefühl und eine übermäßige Präsenz helfen dem Kranken nicht wirklich weiter, im Gegenteil: Beides trägt zur Aggressivität im Umgang miteinander bei. Ehe sich beide Seiten unverstanden, irgendwann nur noch misstrauisch und lauernd gegenüberstehen, sollten die Angehörigen ihr eigenes Verhalten einmal kritisch analysieren und auch den Therapeuten ihr Unbehagen wissen lassen. Dominantes Mitgefühl kann für den Kranken bedrückend sein. Ebenso, wie die Aggressivität des Kranken nicht nur als enttäuschend, sondern nur zu oft auch als bedrohlich empfunden wird. Für beide Seiten gilt: Wehret den Anfängen. Niemand muss sich von seinem Gegenüber etwas gefallen lassen, das ihm objektiv nicht gut tut.

Gefallen lassen muss sich dagegen jeder von uns, irgendwann vom Schicksal mit Krankheit und Tod konfrontiert zu werden. Dagegen können wir uns nicht wehren. Aber wir können es als besondere biografische Herausforderung und Prüfung begreifen, eine solche Situation mit uns selbst oder mit Angehörigen und Freunden zu meistern. Scheitern eingeschlossen. Glücklicherweise gibt es für dieses Problem weder feste Regeln noch eine Versicherung. Hier hat sich jeder selbst zu bewähren.

107
Welcher Zeitaufwand, welches emotionale Engagement ist sinnvoll?

DA: Einen Menschen durch die Depression hindurch zu begleiten, ist immer anstrengend. Wie viele Stunden, Tage oder Monate dabei ein sinnvolles Maß sind, hängt vor allem von der Schwere der Erkrankung, aber auch der Kraft der Angehörigen ab. Die Erkrankung ist in jedem Fall ein so tiefer Einschnitt in das Familiengefüge, dass sie unumgänglich für alle Beteiligten zu einer großen Belastung wird. Rücksichtnahme und Geduld sind notwendig, um auch längere Zeiträume zu überstehen. Manchmal geht es einfach darum, den anderen auszuhalten, ihn zu ertragen in seiner Depression.

Das »Zuviel« ist immer dann erreicht, wenn die eigenen Kräfte zur Neige zu gehen drohen, wenn sich ein Zustand von großer Erschöpfung und Kraftlosigkeit einstellt, der so weit gehen kann, dass der Angehörige selbst die Hoffnung auf ein Ende der Depression verliert. Von daher empfehle ich den Angehörigen depressiver Patienten, stets auch auf die eigenen Interessen und Hobbys zu achten. Niemandem ist damit geholfen, wenn dem Patienten zuliebe alles aufgegeben wird und nach Monaten der Qual am Schluss zwei ausgehöhlte Menschen zurückbleiben. Nur wer sich selbst trotz allem noch Ausgleich gönnt, sich eine Auszeit nehmen kann (beispielsweise durch einen Besuch bei Freunden, Sport oder Kultur), ist immer wieder in der Lage, das Ausmaß an Kraft und Beharrlichkeit aufzubringen, das notwendig ist. Manchmal kann die Depression so schwer sein und die resultierenden Konflikte so quälend, dass es besser ist, wenn der Patient vorübergehend in einer Klinik behandelt wird. Wenn z.B. ein Patient kaum noch das Bett verlässt, stundenlang schweigend vor sich hin grübelt, zu Gesprächen so gut wie nicht mehr in der Lage ist und somit für seine Angehörigen schier unerreichbar wird, dann bedeutet dies oft eine Überforderung für die ganze Familie und erfordert schnell zusätzliche Hilfen.

FOLGEN DER THERAPIE – DAS LEBEN NACH DER DEPRESSION

108
Ist die Depression für immer überwunden?

UH: In den meisten Fällen gelingt es, eine depressive Episode vollständig zum Abklingen zu bringen. Ist dies gelungen, so ist jedoch eine vollständige Heilung im engeren Sinne nicht erreicht, da der Betroffene weiterhin ein erhöhtes Risiko hat, in der Zukunft erneut depressiv zu erkranken. Dieses Risiko begleitet den Betroffenen das ganze Leben und macht es erforderlich, dass er sich intensiv über die Erkrankung informiert und über eine medikamentöse oder psychotherapeutische Behandlung versucht, das Risiko von depressiven Rückfällen möglichst zu minimieren.

109
Ist ein Mensch nach erfolgreicher Therapie glücklicher?

DA: Was heißt schon »glücklicher«? Selbstverständlich geht es einem Menschen nach erfolgreicher Therapie viel besser als in der Depression. Er ist nun endlich wieder in der Lage, ein Leben ohne ständige Qual, Verzweiflung und Hoffnungslosigkeit zu führen. Er kann wieder Pläne machen, Entscheidungen treffen, sich für andere interessieren, arbeiten, sich entspannen etc. All diese Selbstverständlichkeiten waren im Zustand der Depression schier unmöglich. Aber ist er nun »glücklicher«? Die Frage ist falsch gestellt, denn Depression ist ja nicht die Umkehrung von Glück, sondern vielmehr eine Erkrankung, die den Menschen zwischenzeitlich so lähmt, dass er im Grunde zu gar nichts mehr in der Lage ist. Im optimalen Falle lernt ein Patient durch eine Psychotherapie, sein eigenes Leben aktiver zu gestalten. Das heißt aber nicht, dass man deshalb häufiger »glücklich« ist. Im Gegenteil: Es kann sogar passieren, dass einige Patienten manche Dinge im Leben nun bewusster reflektieren und nicht mehr mit der gleichen Unbeschwertheit genießen wie in früheren Zeiten. Wenn Therapie zum Thema »Glück« etwas beiträgt, dann vielleicht insofern, als mancher Patient lernt, diesen Begriff nicht mehr zur alleinigen Maxime des eigenen Lebens zu machen.

110

Bricht er mit seinen Gewohnheiten, bricht er mit »uns«?

HR: Nein, er bricht weder mit seinen Gewohnheiten noch vorsätzlich mit uns. Mit einer Ausnahme: Stellt der Betroffene irgendwann fest, dass seine Erkrankung in direktem ursächlichem Zusammenhang mit engsten Angehörigen stand – Manipulation oder gar seelischer Missbrauch durch Mutter, Vater oder Geschwister oder Großeltern –, dann wird eine starke emotionale Reaktion und Abwehr nicht ausbleiben. Verzeihen fällt in einer solchen Situation sehr schwer. Ob eine derartige Manipulation immer vorsätzlich geschah oder doch eher unbewusst, lässt sich häufig im Nachhinein nicht wirklich klären. Manchmal haben Freunde das Krankengeschehen verfolgt und müssen irgendwann feststellen, dass dem Betroffenen tatsächlich erheblicher seelischer Schaden zugefügt wurde – eine traurige und bittere Erfahrung. Wer in einem solchen Falle Mitgefühl mit dem Kranken zeigt und nicht dem Klischee der stets wohlmeinenden Angehörigen aufsitzt, wird dem Depressiven eine große Stütze sein. Hier ist Zivilcourage im Umgang mit dem Patienten ebenso wie mit seinen Angehörigen gefragt. Vorschnelle psychologisierende Deutungsversuche über Schuld und Unschuld helfen nicht weiter, sind aber häufig Ursache späterer Zwietracht.

Die Frage impliziert aber noch einen ganz anderen Unterton, nämlich die unausgesprochene Furcht, dass sich ein Patient in der Therapie dramatisch verändert, also ein »anderer« wird. Diese Einschätzung ist ein weit verbreitetes Vorurteil, hat aber mit der Realität nichts zu tun – da würden wir die Möglichkeiten der Psycho- oder Pharmakotherapie überschätzen. Es ist vielmehr so, dass der Patient im Idealfall nach der Genesung endlich eine Ich-starke Persönlichkeit wird, deren Potenz bisher durch die Krankheit verborgen war. Angst und Hoffnungslosigkeit machen in der Depression innerhalb weniger Tage aus einem selbstbewussten Menschen einen grübelnden, apathischen Zauderer, der der Welt den Rücken gekehrt hat.

Was auch immer die Ursachen der Erkrankung waren, er wird auf dem Wege aus der Depression alles daransetzen, einen Rückfall in die Krankheit zu vermeiden. Die notwendigen Strategien hat er in der Therapie erfahren. Er wird mit sich und im Zusammenleben mit anderen sehr bedacht und durchaus auch ichbezogen agieren – ein Verhalten, das seiner Umgebung nicht nur auffällt, sondern auch nicht immer passt. War der Kranke in der Depression gut einschätzbar und bei langer Erkrankungszeit die Rollenverteilung zwischen agierendem Angehörigen und apathischem Kranken eindeutig, so verschiebt sich dieses Verhältnis in der Genesungsphase ganz selbstverständlich wieder auf Augenhöhe. Diese zurückgewonnene Ich-Stärke wird dann schnell als Konfrontation oder auch als Undankbarkeit gedeutet. Verständnisvolle Angehörige und Freunde dagegen erfahren ein erstes

»Nein« des Patienten als ganz großen Behandlungserfolg: Der einst wehrlose Depressive hat seine eigentliche Lebensrolle wieder eingenommen, er denkt an sich und an andere, aber nicht länger nur daran, sich zuerst einmal mit den vermeintlichen oder echten Wünschen seiner Umgebung auseinander zu setzen, sondern auch darüber, wie diese auf ihn selbst wirken, ob sie ihm gut tun, ob sie angemessen sind oder ob sie nicht vielmehr ganz egoistisch seine eigene Lebensentfaltung einschränken.

Die Phase der Rückkehr zur seelischen und mentalen Autonomie des Patienten sollten alle Beteiligten nach Kräften, aber auch mit Augenmaß unterstützen. Wer über längere Zeit unter Depressionen zu leiden hatte, muss das Bewältigen des Alltags erst wieder mühsam lernen. Brechen wird er mit uns nur, wenn wir ihn auf dem Weg zur endgültigen Überwindung der Krankheit hindern wollen. Der einst Depressive hat dafür ein sehr feines Gespür. Er weiß, wie wichtig wohlmeinende Freunde für ihn sind, aber er kann inzwischen auch die nicht wohlmeinenden ausmachen. Mit denen zu brechen, ist nur zu verständlich.

111
Bleiben Narben von der Depression zurück?

HR: Ja, aber sie schmerzen nicht und sie entstellen weder Gesicht noch Körper. Es sind die unsichtbaren Narben der Seele, die bleiben. Erinnerungen an all das, was krank gemacht hat – Menschen, Lebensumstände und Illusionen – und uns auch weiterhin in Versuchung führt, wieder vom Lebensweg der eigenen Erkenntnis und Erfahrung abzuweichen. Es gibt vielerlei Verführungen. Wer unter Depressionen gelitten hat, weiß irgendwann, was ihm gut tut und was nicht. Letzteres aber kann besonders faszinierend sein. Nur: Wer die Narben der Seele nicht ernst nimmt, läuft Gefahr, dass sie wieder aufreißen. Manchmal lässt sich dann die »Blutung« nicht mehr stillen und es erfolgt der schmerzhafte Rückfall in die Depression. Der einst Depressive weiß, dass er ein ebenso diszipliniertes Leben führen muss wie der Diabetiker. Wer sich konsequent an diese Regel hält, wird die Narben seiner Seele als unverzichtbare Wegmarken begreifen, an denen er seinen Lebensweg zu orientieren hat. Wirkliche Opfer verlangt dieses Regelwerk nicht, nur innere Stärke. Welcher Kraftanstrengung es dazu aber manchmal bedarf, kann allein verstehen, wer selbst einmal durch eine Depression aus der eigenen biografischen Bahn geworfen wurde. Und: Jede Narbe auf der Seele erzählt eine eigene Geschichte, die sich nie wieder aus dem Gedächtnis tilgen lässt. Das erscheint auch dem, der genesen ist und über Jahrzehnte nie mehr von einer Depression eingeholt wurde, wie ein böser Fluch. Aber das ist vielleicht gerade das Geheimnis der Depression, das sich jeder Entschlüsselung entzieht.

LITERATUR

Améry, Jean: *Hand an sich legen. Diskurs über den Freitod*, Stuttgart 1976

Bronisch, Thomas: *Der Suizid. Ursachen – Warnsignale – Prävention*, München 1995

Dorrmann, Wolfram: *Suizid. Therapeutische Interventionen bei Selbsttötungsabsichten*, München 1998

Durkheim, Émile: *Der Selbstmord*, Frankfurt am Main 2002

Epstein Rosen, Laura; Amador, Xavier F.: *Wenn der Mensch, den du liebst, depressiv ist. Wie man Angehörigen oder Freunden hilft*, Reinbek 2002

Földényi, Lásló F.: *Melancholie*, München 1988

Gebhardt, Miriam: *Sünde, Seele, Sex. Das Jahrhundert der Psychologie*, München 2002

Hautzinger, Martin: *Kognitive Verhaltenstherapie bei Depressionen. Behandlungsanleitungen und Materialien*, Weinheim 2000

Hegerl, Ulrich; Althaus, David; Reiners, Holger: *Das Rätsel Depression. Eine Krankheit wird entschlüsselt*, München 2005

Hegerl, Ulrich; Niescken, Svenja: *Depressionen bewältigen – die Lebensfreude wiederfinden*, Stuttgart 2004

Hell, Daniel: *Welchen Sinn macht Depression? Ein integrativer Ansatz*, Reinbek 2006

Jamison, Kay Redfield: *Wenn es dunkel wird. Zum Verständnis des Selbstmordes*, Berlin 2000

Josuran, Ruedi; Hoehne, Verena; Hell, Daniel: *Mittendrin und nicht dabei. Mit Depressionen leben lernen*, Zürich 1999

Marinoff, Lou: *Bei Sokrates auf der Couch. Philosophie als Medizin für die Seele*, München 2002

Naef, Adrian: *Nachtgängers Logik. Journal einer Odyssee*, Frankfurt am Main 2003

Paul, Chris: *Warum hast du uns das angetan? Ein Begleitbuch für Trauernde, wenn sich jemand das Leben genommen hat*, Gütersloh 1998

Payk, Theo R. (Hrsg.): *Psychiater. Forscher im Labyrinth der Seele*, Stuttgart 2000

Reiners, Holger: *Das heimatlose Ich. Aus der Depression zurück ins Leben*, München 2002

Solomon, Andrew: *Saturns Schatten. Die dunklen Welten der Depression*, Frankfurt am Main 2001

Wolfersdorf, Manfred: *Der suizidale Patient in Klink und Praxis. Suizidalität und Suizidprävention*, Stuttgart 2000

DIE AUTOREN

PROF. DR. ULRICH HEGERL ist Facharzt für Psychiatrie und Psychotherapie an der Klinik für Psychiatrie und Psychotherapie der Ludwig-Maximilians-Universität München. Seit 1999 Sprecher des Kompetenznetzes »Depression, Suizidalität« (www.kompetenznetz-depression.de) und seit 2004 Leiter der von der Europäischen Kommission geförderten »European Alliance against Depression« (www.EAAD.net).

DR. DAVID ALTHAUS ist Diplom-Psychologe und Psychotherapeut. Er arbeitet als wiss. Mitarbeiter an der Ludwig-Maximilians-Universität München und ist Mitbegründer der gemeinnützigen Organisation »Bündnis gegen Depression«. Seit 2005 in eigener Praxis in Dachau tätig.

HOLGER REINERS ist Freier Planer, Unternehmensberater und Autor vieler Architekturbücher und des Buches *Das heimatlose Ich. Aus der Depression zurück ins Leben*, in dem er über seine Erfahrungen als langjähriger und inzwischen geheilter Depressionspatient berichtet.